<東村山駅西口広場完成記念>

東村山を歩き尽くす

まちの横顔 探訪散策ガイド

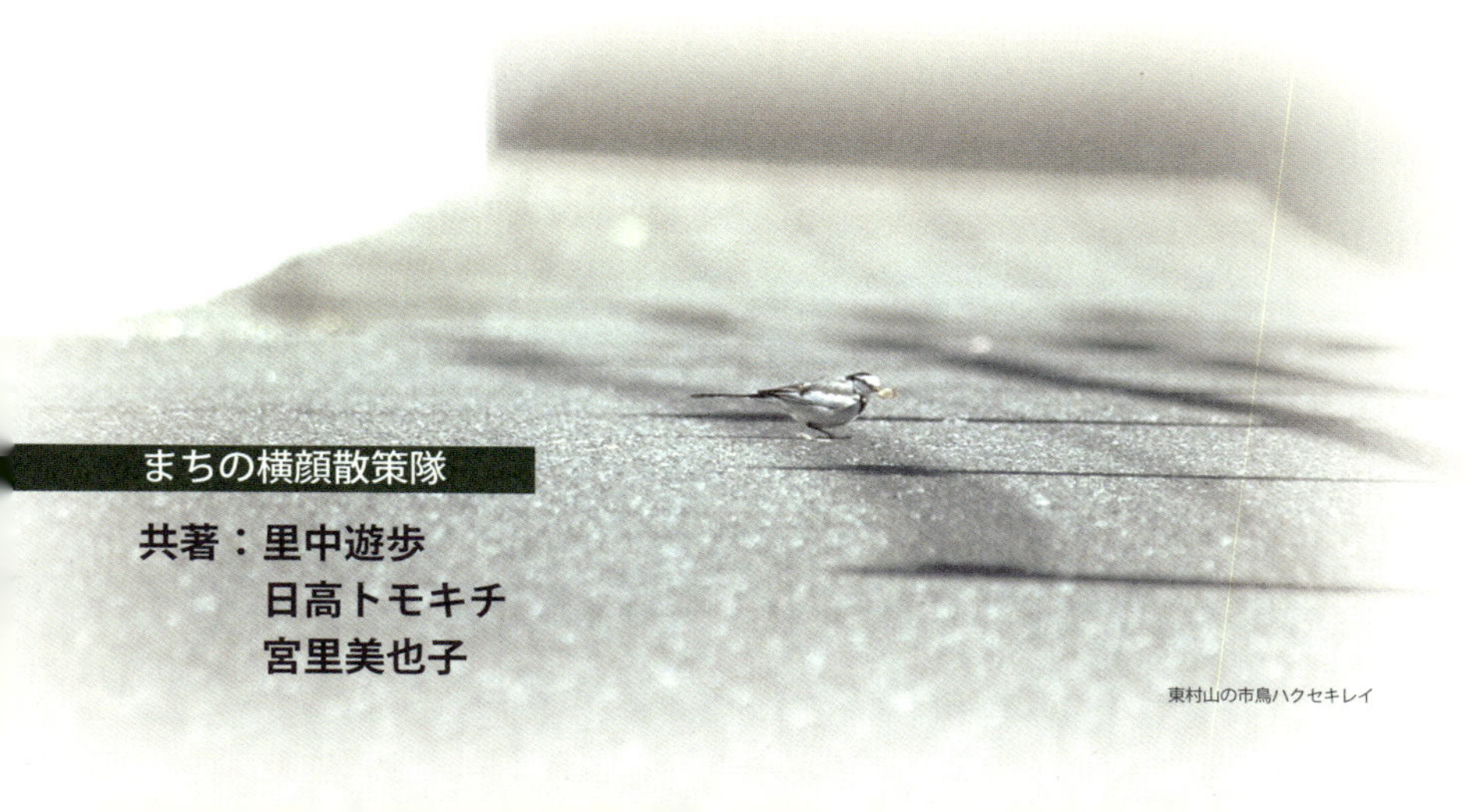

まちの横顔散策隊

共著：里中遊歩
日高トモキチ
宮里美也子

東村山の市鳥ハクセキレイ

もくじ

散策隊オススメ！6つの散策コース

東村山という町・・・4
東村山市概略マップ6

散策コース 1
トトロの舞台堪能散策コース・・・8
八国山通り「弁天橋（前川）」10　北川緑道10　八国山緑地10　八国山の自然12　北山公園14　八国山たいけんの里16　正福寺地蔵堂17　手打ちそば「ごろう」17

散策コース 2
まちかどの歴史散策コース・・・18
諏訪神社20　東村山ふるさと歴史館20　徳蔵寺「板碑保存館」21　久米川古戦場22　熊野公園23　梅岩寺24　鎌倉古街道25　笹本だんご店26　玉弘26　豊島屋酒造27　関田酒店27

散策コース 3
花と緑と湖の散歩道散策コース・・・28
下宅部遺跡・はっけんのもり30　都立狭山公園・多摩湖31　多摩湖緑地生物観察路「せせらぎの道」34　廻田緑道34　金山神社35　光明院不動堂「応永の板碑」36　旧前川緑道37　石庭こまち37　金山通り「ハナミズキ並木」37　鷹の道37

散策コース 4
水辺と緑でまったり散策コース・・・38
東村山駅東口広場40　和菓子処「餅萬」40　空堀川の生き物たち40　空堀川41　久米川橋周辺42　浄水橋周辺42　くめがわ電車図書館とその周辺43　東村山中央公園44　多摩湖自転車道45　欧風菓子「アンシャンテ」45

散策コース 5
せせらぎの小径～過ちの歴史 散策コース・・・46
木々に囲まれた遊歩道48　野火止用水48　野火止用水の風景49　恩多野火止水車苑50　点在する雑木林51　万年橋の大ケヤキ52　多磨全生園「国立ハンセン病資料館」53　竹田商店53

散策コース 6

鮎の棲む森～とんぼの町散策コース・・・54

秋津商店街（秋津駅～新秋津駅）56　秋津神社57　秋津公園57　淵の森（柳瀬川）58　とんぼ工房59　草野心平「光あまねしの碑」59　一石六地蔵60　氷川神社60　農とみどりの体験パーク「秋津ちろりん村」60　平和観音61　秋津で見つけたトンボたち 勝手にミニミニ図鑑61

歴史・民俗 自然について もっと詳しく！

もっと知りたい！　東村山・・・62

東村山のはじまり 縄文から東山道へ64　たたかいと信仰の時代 鎌倉街道と新田義貞66　わたしたちの街へ お鷹場と鉄道開通68　正福寺地蔵堂70　東村山ふるさと歴史館71　空堀川に清流をとりもどす会72　多磨全生園「国立ハンセン病資料館」74　東村山観光キッズ75

特選！美味しいお店をご紹介

まちの横顔散策隊イチオシ！　逸品の味わえるお店・・・76

手打ちうどん「とき」78　石庭こまち79
豊島屋酒造80　関田酒店81　和菓子処「餅萬」82
欧風菓子「アンシャンテ」82　竹田商店83
中国料理「こたか」83

みんな集まれ！西口広場

『てんしゃばフェスタ』について・・・84

てんしゃばフェスタ二〇〇九年の主な演目86
イベント関係者一覧88　イベント協賛企業・協賛者一覧89

あとがき・・・92

著者紹介・・・94

東村山という町

「東村山市」と聞いて、多くの人が最初に連想するのは、やはり志村けんさんの名前でしょう。一世を風靡した「東村山音頭」の印象が、今もくっきり頭に焼き付いている方も多いのではないかと思います。

　では「それ以外で」と問われたら何を連想できるでしょう？　都内唯一の国宝建造物「正福寺地蔵堂」を始め歴史的価値の高い史跡の数々、そしてトトロの舞台「八国山緑地」を始めあらゆる所で目にできる豊かな自然など、実は魅力的なスポットに囲まれている町であるにもかかわらず、それらはほとんど知られていないのが実情です。

くぐるな
あぶない

そしてとても残念なことに、市民でもそういった東村山の魅力を知らない方は沢山います。そんな方には、「自分たちの町はこんなに素晴らしいのだ」と知って頂き、市外の方には「一度行ってみようかな」と思って頂きたい。そのような願いを込め、本書制作を開始しました。

制作にあたり、私が常日頃から公私共に仲良くさせてもらっている漫画家「日高トモキチ」画伯、及びデザイナー「宮里美也子」さんがその趣旨に賛同し、「まちの横顔散策隊」メンバーとして参加してくれることになりました。

タイトル「まちの横顔探訪散策ガイド」は、私たちがこの町を実際に歩き回り、そこで体感したことを、私たちなりの視点で紹介していくのだ、という意図でつけました。三者三様の視点を交えて皆様にお伝えすることで、少しでもこの町の良さについて知って頂き、また共感頂けたら幸いです。

里中遊歩

まちの横顔散策隊

里中遊歩《さとなかゆうほ》
(ライター)
日高《ひだか》トモキチ
(漫画家)
宮里美也子《みやさとみやこ》
(デザイナー)

東村山市概略マップ

「かなり田舎」と思われがちな東村山市ですが、東西で見ると、意外にも東京都のほぼ中心に位置しています。

都心まで電車で三十分前後という利便性の高い立地でありながら自然も豊か。「一度住んだら他には移れない」という人の声も多く、市民に愛され支えられながら成長してきた町なのです。

柳瀬川
淵の森
秋津駅
新秋津駅
西武池袋線
志木街道
清瀬市
所沢街道
空堀川
国立療養所
多磨全生園
JR武蔵野線
野火止用水（伊豆殿堀）
東村山
運動公園
新青梅街道
東久留米市
西武
拝島線
小平駅
東京都全体図
東村山市

下山口駅
埼玉県所沢市
遊園地西駅
西武園駅
八国山緑地
北山公園
西武西武園線
北川
徳蔵寺
（元弘の板碑）
梅岩寺
（大ケヤキ）
豊島屋酒造
ふるさと歴史館
村山貯水池
（多摩湖）
西武遊園地駅
正福寺
地蔵堂
狭山公園
光明院不動堂
東村山駅
鷹の道
府中街道
前川
武蔵大和駅
東村山市役所
東村山浄水場
西武多摩湖線
東大和市
西武新宿線
西武国分寺線
東村山中央公園
久米川駅
八坂駅
萩山駅
小川駅
小平市

散策コース 7

東村山駅西口出発

トトロの舞台堪能散策コース

不思議な仲間に会えそうな
緑あふれる散歩道

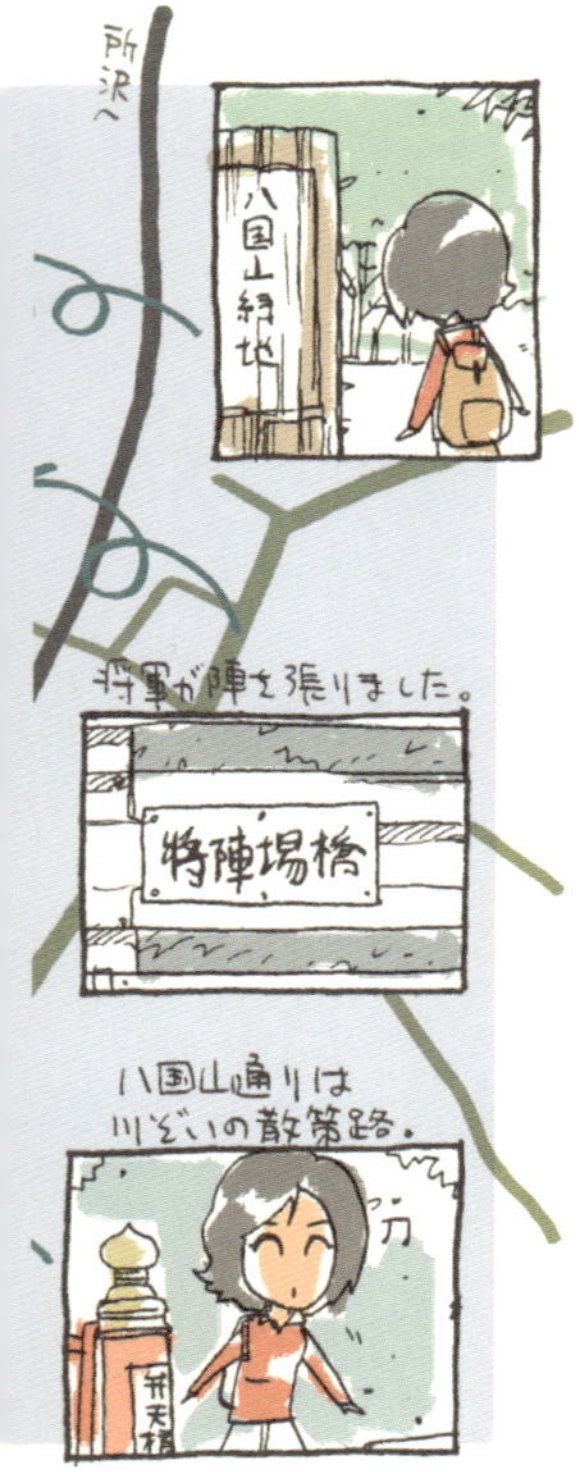

まずご紹介したいのは、やはり「トトロの舞台」としても有名な八国山周辺の散策です。

「八国山緑地」には、映画で観た風景そのものが残っているのではないかと錯覚するような緑が溢れ、また鎌倉時代に新田義貞軍がこの地に一時逗留したと伝えられている「将軍塚」なども存在します。

八国山に隣接し、四季を通して様々な草花や生物の息吹を楽しめる「北山公園」もオススメです。その一角には「八国山たいけんの里」もあり、大人も子どもも楽しいひとときを過ごせることでしょう。

そして東京都内唯一の国宝建造物「正福寺地蔵堂」。決して異彩を放つでもなく、また周囲に圧倒的な存在感を示している訳でもないけれど、穏やかに凛と佇む慎ましいその姿は必見です。

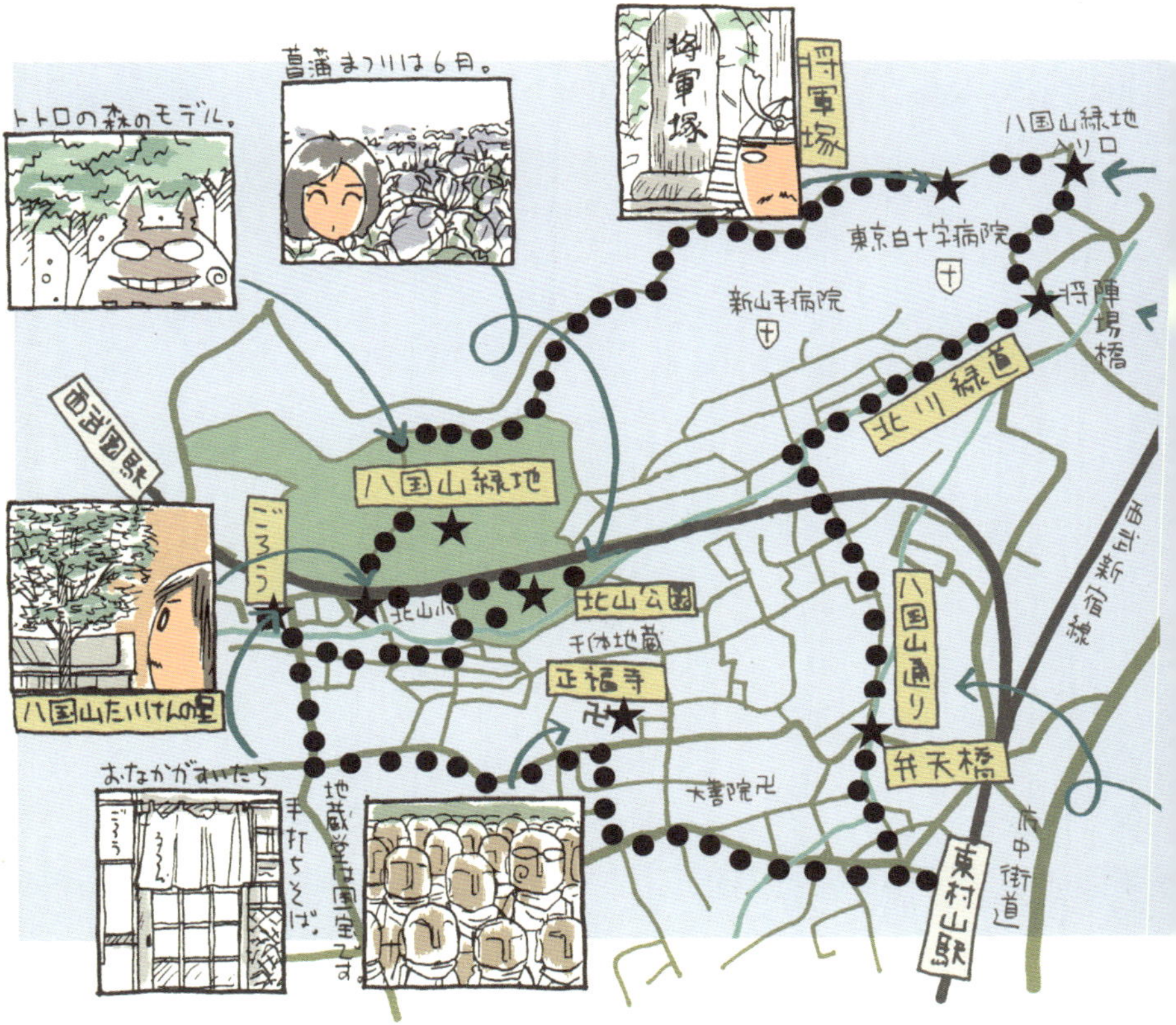

散策コース

徒歩距離 約8.8km

散策時間目安 約3時間

- 東村山駅西口広場
- 約300メートル
- 八国山通り「弁天橋（前川）」 p10
- 約600メートル
- 北川緑道 p10
- 約900メートル
- 八国山緑地 p10
- 約1800メートル
- 八国山たいけんの里 p16
- 約300メートル
- 北山公園 p14
- 約1100メートル
- 手打ちそば「ごろう」 p17
- 約800メートル
- 正福寺地蔵堂 p17
- 約1000メートル
- 東村山駅西口広場

弁天橋

八国山《はちこくやま》通《どお》り

東村山駅西口の交差点から、北西に続く細い路地を入ると、もうそこが八国山通りです。ごく普通の住宅街の路地をしばらく進むと「前川」という川が現れます。小さな川ですが、川沿いには桜並木があり、春先にはお花見散歩も楽しめます。

北川《きたがわ》緑道《りょくどう》

八国山通りと交差する「北川」沿いにある、全長約五百mのハナミズキ緑道です。脇を流れる北川にはウグイやフナなどの魚が多く棲み、カルガモやコサギなども訪れます。

コサギ

八国山《はちこくやま》緑地《りょくち》

標高八九・四mの八国山山頂からは、かつて「上野・下野・常陸・安房・相模・駿河・信濃・甲斐」八つの国を望むことができたことから、その名が付けられたと言われています。

クヌギやコナラなどの木々に囲まれたなだらかな尾根道をのんびり散策して、「トトロの森」の空気を存分に堪能して下さい。

将軍塚

【将軍塚《しょうぐんづか》】

鎌倉時代の一三三三年（元弘三年）、倒幕の為に群馬県で兵を挙げた新田義貞は一路鎌倉を目指して南下、「小手指の合戦」の後、現在の東村山市において「久米川の合戦」が起こりました。その際、新田義貞が布陣して旗を立てた場所が、現在の将軍塚だと伝えられています。但しそれに異を唱える説もあり、真相はまだ謎に包まれたままなのです。

【尾根道《おねみち》】

全長約一・五kmの、ほとんど平坦で歩きやすい森の道です。地元の人たちにも、大切な散歩道として愛されています。

【ふたつ池】

上池・下池と呼ばれる二つの小さな溜池があり、ここは様々な野鳥が集まる観察ポイントです。カワセミ・ガビチョウ・ダイサギなどを観察することができます。

ガビチョウ

この辺りでは、
野鳥を驚かさ
ないように、
なるべく静かに
歩きましょう。

東京都立八国山緑地

尾根道
将軍塚
ほっこり広場
W.C
東京白十字病院
新山手病院
おおぞら広場
西入口広場
ふたつ池
案内板
西武園
W.C
ころころ広場
ひだまり広場

八国山の自然

【八国山に棲む生き物たち】

八国山には、タヌキやイタチ、野ウサギやキツネなどの哺乳類が棲息していると言われています。またウグイスやシジュウカラなどの他、アオジ・エナガ・ルリビタキ・アオゲラなど、鳥類も多種棲息しています。

コゲラ
国内最小のキツツキ（約15cm）です。耳を澄ませば、木を叩く心地よい音色が森の中から聞こえてくるかもしれません。

ヤマガラ
シジュウカラに似ていますが、身体のオレンジが特徴的で美しい鳥です。

カブトムシ
ご存じ樹液にあつまる虫の王様。堂々として力強い姿は、今も昔も子どもたちのあこがれ。

アブラゼミの幼虫
土の中の生活を終え、羽化するために木を登っています。やがて成虫となり、八国山の夏を謳歌するのです。

オトシブミの揺籃（ようらん）
この中に卵が一つずつ産みつけられていて、孵化した幼虫はこの葉を食べながら育ちます。

悪かったね
がさつで。
アオゲラ
コゲラの倍くらいある
大型のキツツキ。
ドラミング音は
やや
がさつだ。

【八国山の花々】

武蔵野の面影を残す林内では、エゴノキやスイカズラ、ニシキウツギなどの樹が花を咲かせます。足元に目を向ければ、キンランやギンリョウソウなどちょっと珍しい草花に出逢えるかもしれません。

小さな白い花を鈴なりにつけたエゴノキ。果実はサポニンという毒を含み、かつては漁に使われました。

ニシキウツギは「二色空木」。梅雨どきに紅白の花を咲かせます。

葉の落ちた枝に下がるカラスウリの実は、日本の晩秋を彩る風物詩です。

春先の林内にひときわ目立つキンラン。乱獲でその数を減らしています。

野の花はむやみに摘んだりせず、そっと見守ってあげましょう。

!? 変

八国山には自然がいっぱい。その中には見たこともないヘンテコなヤツがいるのです。

寄生植物 ギンリョウソウ

自分では光合成せず、他の植物等から養分をよこどりするので葉緑素をもたない。きのこのようにもみえるがれっきとした植物。

ムラサキホコリのなかま（変形菌・粘菌）

一生のうちにアメーバのように這いまわり、えさを捕食する変形体（写真左）と、きのこのように胞子をとばす子実体（右）の時期がある。へんてこな原生動物。空気のきれいな森林をこのむ。

モジホコリの子実体イメージ

北山公園《きたやまこうえん》

豊かな水と緑に包まれた、東京新百景にも選ばれている自然公園です。約百七十種類十万本の花菖蒲が有名ですが、大賀ハス・彼岸花・梅・桜・菜の花・コスモスなど、季節毎に様々な花を観察できます。

【蓮池《はすいけ》】

公園中央付近には蓮池があり、ここには古代ハスとも呼ばれる大賀ハスが植えられています。またトウキョウダルマガエルやアメリカザリガニの姿も多く見られます。

トウキョウダルマガエル
蓮池には沢山のトウキョウダルマガエルが棲息しています。よーく目を凝らして観察してみましょう。

【しょうちゃん池】

善行橋のすぐ近くにある小さな池は「しょうちゃん池」と呼ばれています。多くの魚やザリガニ、カメなどが棲息し、カワセミやアオサギなどの姿もよく見られます。池の奥にはタヌキが棲んでいると言われています。

アオサギ
国内サギ科の中では最も大きなサギです。翼を広げると大きさは150cm を超え、その飛翔する姿は圧巻です。

カワセミ
一直線に水中に飛び込み、小魚を捕る姿は必見。鮮やかで美しい色彩の小さな狩り名人。

【北山公園《きたやまこうえん》の昆虫たち】

八国山の雑木林に隣接し、また水も豊かなことから、北山公園には多くの昆虫が訪れます。トンボや蝶の類いは勿論、都内では滅多に見られなくなったタマムシやハンミョウなども稀に見ることができます。

ハンミョウ【斑猫】
散策者の前を導くようにとぶことから「ミチオシエ」の別名をもつ。
英名をタイガービートルという美しき狩人。

北山公園の四季

【東村山菖蒲《しょうぶ》まつり】
毎年六月頃、花菖蒲の開花時期に合わせ、北山公園では「東村山菖蒲まつり」が開催されます。屋台なども出店し、多くの観光客で賑わいます。

春

夏

秋

冬

【八国山《はちこくやま》たいけんの里】

二〇〇九年五月、「狭山丘陵の自然と人との関係」をテーマに、北山公園の一角にオープンした施設です。八国山緑地周辺の動植物や自然環境、遺跡などを取り上げた展示や、様々な種類の体験学習などのイベントが行なわれています。

Information

開館時間／9 時 30 分～ 17 時
休館日／毎週月・火曜日・年末年始
（祝日の場合は開館し、次の平日が休館日）
入場料／無料
電話番号／ 042-390-2161
※駐車場はありません。車での来館はご遠慮下さい。

フリーギャラリー
パズルやビデオで楽しみながら学ぶことができます。

スライドパズル

ウミガメに
さわってみよう!
やさしく

なぜか
ウミガメさんの
剥製が・・・

収蔵展示スペース
遺跡から発掘された出土品がわかりやすく展示されています。

出土品の中にはたくさんの土偶が含まれていました。

画像提供：東村山市役所

木の実や葉っぱで工作したり、
かごを編んだり、
楽しいイベントが
盛りだくさんです。

なんと！
東京都内唯一の
国宝建造物
です！

正福寺《しょうふくじ》地蔵堂《じぞうどう》

正福寺地蔵堂は室町時代の一四〇七年（応永一四年）に建立されたと伝えられています。

東京都内唯一の国宝建造物であり、また地蔵堂本尊及び小地蔵尊像は東村山市の市指定文化財にもなっています。

〔詳しくは七十頁で紹介しています〕

ご本尊
地蔵菩薩さま。
仏教では釈迦の入滅から
弥勒の出現までの「仏様不在」の
あいだ人々を救ってくださる
ありがたい存在がお地蔵さまです。
日本では子供の守り神とされ、
一緒に遊ぶのが大好き。
じゃまするオトナにはバチあてたりもなさる
から気をつけましょう。

手打ちそば「ごろう」

日高画伯も大絶賛の手打ち蕎麦屋さん。私もこの界隈を散策する時はしょっちゅう食べに来ています。季節に合わせたオリジナルメニューも大人気、オススメの一店です。

手打
そば
ごろう

Information

営業時間／11時30分～15時
定休日／毎週月曜日
電話番号／042-393-7241

散策コース 2

東村山駅西口出発

まちかどの歴史散策コース

悠久の時代に想いを巡らせ ひとときのタイムトラベル

大ケヤキは天然記念物。
素朴なお店、
素朴なおいしさ。
でっかい玉子焼き。
美酒金婚
金婚

今回は、かつてこの東村山の地を舞台に営まれた、様々な史実に想いを巡らせてみましょう。

それぞれの時代にそれぞれの人々の営みを見つめ続けてきたこの東村山の歴史、古くは一万数千年前の旧石器時代に遡ります。その後も、鎌倉時代には歴史に大きな影響を及ぼす合戦がこの地を舞台に繰り広げられたりもしました。

それぞれの時代毎に、沢山の貴重な歴史的資産を有する東村山、今でも町中を散策すると、かつてその場で営まれたであろう、それら歴史の名残りたちと出逢うことができるのです。

今回の散策コースは、それら各々の時代を彩った貴重な史料や面影を辿りながら、ちょっと嬉しい美味しい情報も交えつつ、私たちオススメの散策コースをご紹介していきます。

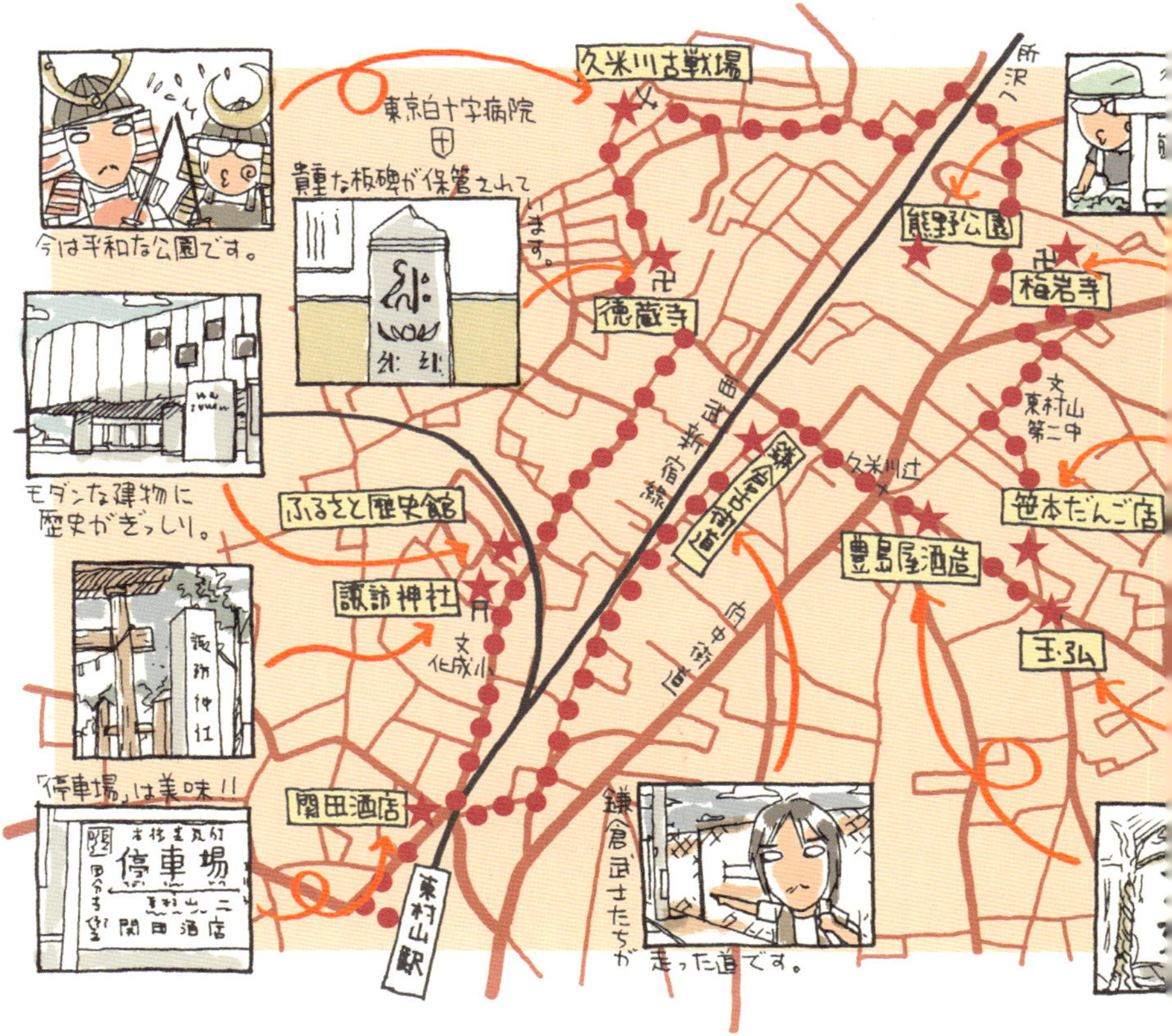

散策コース

徒歩距離 約6.1km

散策時間目安 約2時間

- 東村山駅西口広場
- 約600メートル
- 諏訪神社 p20
- 約200メートル
- 東村山ふるさと歴史館 p20
- 約600メートル
- 徳蔵寺「板碑保存館」 p21
- 約500メートル
- 久米川古戦場 p22
- 約1100メートル
- 熊野公園 p23
- 約600メートル
- 梅岩寺 p24
- 約700メートル
- 笹本だんご店 p26
- 約100メートル
- 玉弘 p26
- 約300メートル
- 豊島屋酒造 p27
- 約200メートル
- 鎌倉古街道 p25
- 約900メートル
- 関田酒店 p27
- 約300メートル
- 東村山駅西口広場

諏訪神社《すわじんじゃ》

多摩地区で最も古い化成小学校の隣りにある神社です。前川が洪水となった際、流れ着いた御神体を桜井利兵衛という人が祀り、一六八五年（貞享二年）、西宿部落（現在の諏訪町）に寄贈したと言われています。御祭神は建御名方命（タケミナカタノミコト）です。

建御名方神は国つ神。大国主神の子供のひとりです。天つ神の建御雷（タケミカヅチ）神に力くらべで敗れ、長野の諏訪に隠棲したというエピソードが古事記にみえます。のちには軍神として北条氏のあつい崇敬をうけ、各地に諏訪神社がつくられました。

（イメージ画）

東村山ふるさと歴史館

市内の文化財保護や歴史資料の収集活動などを中心に行ない、歴史に関する展示物が充実しています。東村山の歴史に触れるなら、必ず一度は行っておきたい施設です。

〔詳しくは七十一頁で紹介しています〕

モダンで目を引く建物です。
中も広々としてゆっくり見学できます。

徳蔵寺《とくぞうじ》「板碑保存館《いたびほぞんかん》」

Information

開館時間
10時～17時
休館日
毎週月曜日
年末年始
入場料
大人200円
子ども100円
電話番号
042-391-1603

たくさんの板碑に
和尚さんの
情熱を感じます。

元々このお寺は、和尚さんが様々な考古・民俗史料を収集しては境内の至る所に置いていたことから、地域の人たちからは「ちらかし寺」と呼ばれていました。それが、調べてみたところ実は大変貴重な史料が沢山あることが判り、現在では、昭和四十三年に建設された板碑保存館に大切に保管・展示されています。

保存館には、約千二百年前のものとされている須恵器のつぼ形蔵骨器（骨壷）や一三五九年（延文四年）に造られた比翼碑などの他、北条氏を滅亡させた新田義貞の戦史を実証しているとされる、国指定重要文化財「元弘三年齋藤盛貞等戦死供養碑（通称=元弘の板碑）」などが展示されており、必見です。

元弘の板碑
画像提供：東村山市役所

（光明真言）
飽間斎藤三郎藤原盛貞生年廿六　勧進玖阿□陀仏
於武州府中五月十五日令打死
元弘三年癸酉五月十八日敬白
同孫七家行廿三同死飽間孫三郎
執筆遍阿弥陀仏
宗長卅五於相州村岡十八日討死

元弘の板碑文面

久米川古戦場《くめがわこせんじょう》

一三三三年（元弘三年）五月十二日、前日小手指原合戦で鎌倉幕府（北条）軍を破った新田義貞が、ここで「久米川の合戦」に勝利したと言われる地です。現在では、周囲は宅地開発され、小さな公園として残されているだけですが、東京都旧跡指定もされています。

久米川古戦場跡

新田義貞（一三〇一〜三八）

上野《こうずけ》国（群馬県）新田庄の豪族。源義家から10世の孫にあたる。1333年兵を挙げ、足利氏とともに鎌倉幕府をほろぼす。後醍醐天皇のもと建武の新政に参加するが、足利尊氏らとの戦いに敗れ、越前藤島にて戦死した。

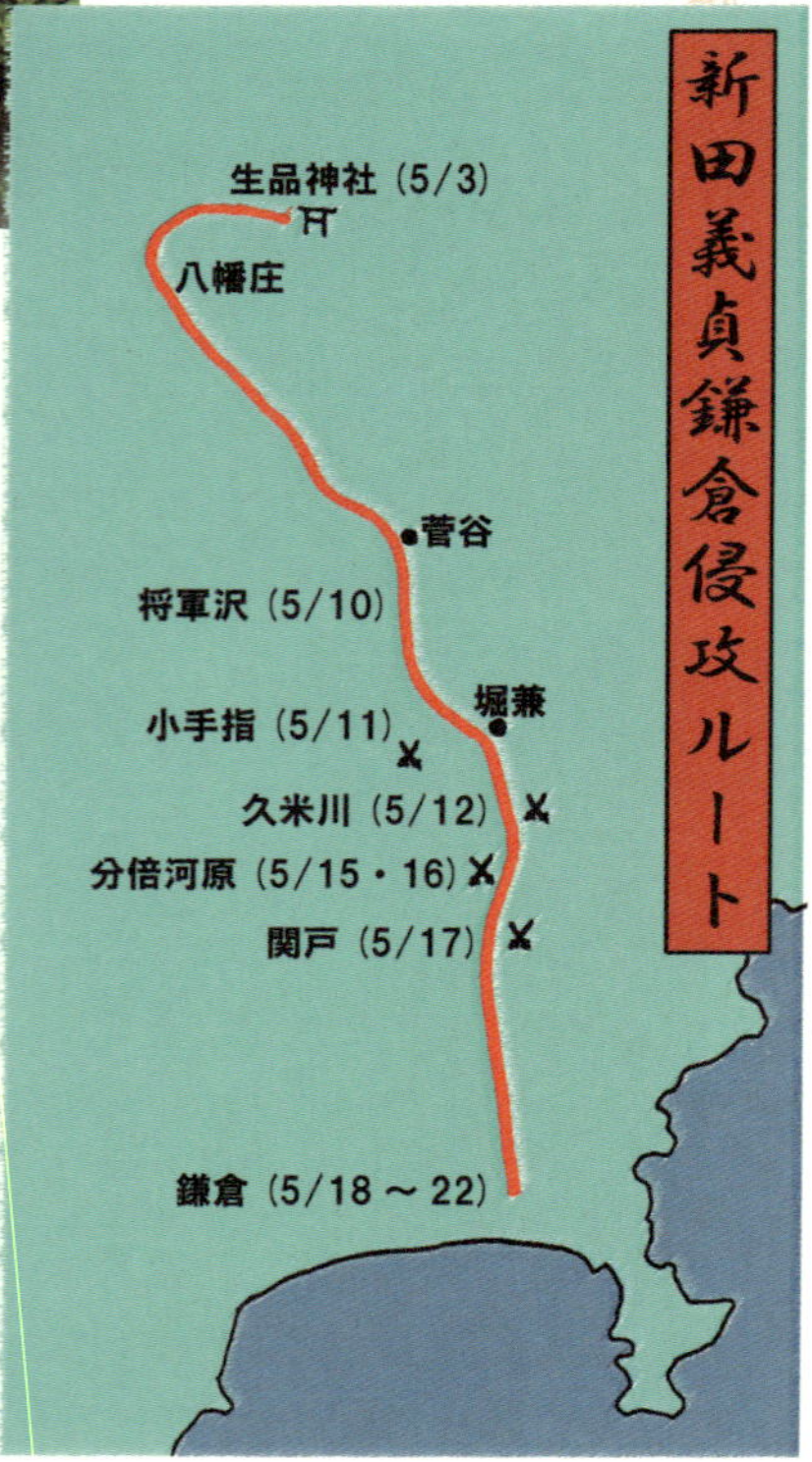
新田義貞鎌倉侵攻ルート
生品神社（5/3）
八幡庄
菅谷
将軍沢（5/10）
堀兼
小手指（5/11）
久米川（5/12）
分倍河原（5/15・16）
関戸（5/17）
鎌倉（5/18～22）

熊野公園《くまのこうえん》

緑に囲まれた、散歩するには最適な公園です。久米川の合戦の時には新田義貞が後詰を置いたと言われ、重要な拠点であったことが伺える熊野神社、また東村山市の指定史跡になっている富士塚も敷地内に見ることができます。

ゾウさんの形をした遊具がかわいいですね。

しっとりした佇まいの熊野神社。横にはゲートボール場があって、住民の憩いの場になっています。

熊野神社

熊野信仰

平安時代後期から広まった、紀伊の熊野三山に対する信仰。

古くから霊場として知られていたのが、阿弥陀信仰と結びついて「熊野＝浄土」となり、貴族たちを中心に熊野詣でが流行しました。

そして「遠くてなかなか行けない」という人たちのため、各地に熊野神社ができたのです。

ここもそのひとつです。

梅岩寺《ばいがんじ》

東京都指定天然記念物の樹齢約七百年の大ケヤキと、東村山市指定天然記念物の樹齢約六百年の大カヤで有名です。ケヤキは幹囲約七m・高さ約三十二m、カヤは幹囲約五m・高さ約三十mあります。江戸時代中期の『新編武蔵国風土記稿』にも記されているケヤキとカヤの大木が並ぶ姿は、一見の価値があります。

東京都指定天然記念物　大ケヤキ

東村山市指定天然記念物　大カヤ

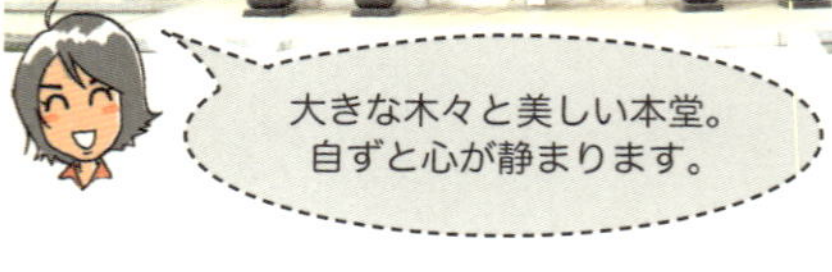
大きな木々と美しい本堂。
自ずと心が静まります。

この道は市文化財指定
鎌倉古街道です

鎌倉古街道《かまくらこかいどう》

関東地方統治の為、鎌倉幕府は鎌倉を起点とする四つの街道を整備したとされており、そのうちの一つがこの鎌倉古街道です。

新田義貞の鎌倉攻めの他、一二七一年（文永八年）、日蓮上人が佐渡流刑の際にもここを通ったと言われており、現在では普通の小さな路地に見えますが、東村山の歴史を辿る上では、やはり外すことはできない散策スポットなのです。

街道の途中には、東村山市指定有形民俗文化財「白山神社の牛頭天王像」も見ることができます。

クルマは一方通行なのでくれぐれも気をつけられよ。
日蓮上人

白山神社

牛頭天王像

笹本《ささもと》だんご店

志村けんさんを始め、地域の人たちから愛され続けている焼きだんご屋さんです。散策途中にちょっと立ち寄って、昔ながらの素朴な美味しさを味わってみて下さい。

Information
営業時間／9時30分～売切れ次第終了
休業日／毎週火曜日
電話番号／042-394-2182

厚焼きたまごの「玉弘《たまひろ》」

お寿司屋さんなどへ卸す厚焼きたまごの工場ですが、直接ここで購入することも可能です。ふわふわでとにかく美味しいので、是非ともご賞味下さい。里中家の食卓にも、しょっちゅうここの厚焼きたまごが並びます。厚焼きたまごの他にも、市内の新鮮な野菜も購入できます。

Information
営業時間／9時～18時
休業日／毎週日曜日
電話番号／042-394-6656

清酒
金婚

豊島屋酒造《としまやしゅぞう》

豊島屋と言えば、やはり「白酒」。江戸時代に「山なれば富士、白酒なれば豊島屋」と詠われ名物となり、現在に至るまでその伝統を護り続けています。

〔詳しくは八十頁で紹介しています〕

関田酒店《せきたさけてん》

東村山駅に近い「大踏切」前にある酒屋さん。お店オリジナルのお酒「停車場」シリーズ（ワイン・日本酒・焼酎）など、他では入手不可能な商品も充実しています。

駅に戻る前に立ち寄って、お好みのお酒を探してみるのがオススメです。

〔詳しくは八十一頁で紹介しています〕

SEKITA

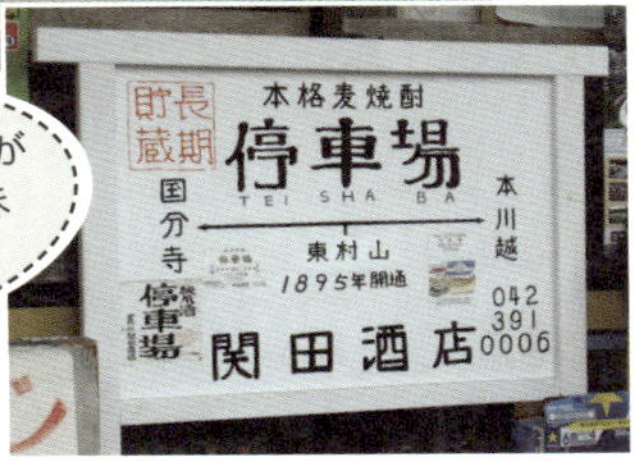
本格麦焼酎
長期貯蔵
停車場
TEI SHA BA
国分寺
本川越
東村山
1895年開通
042
391
0006
関田酒店

「停車場」の看板がなんともいい味出してます。

散策コース 3

西武園駅出発

花と緑と湖の散歩道散策コース

豊かな水と大地に護られた天然色の散策路

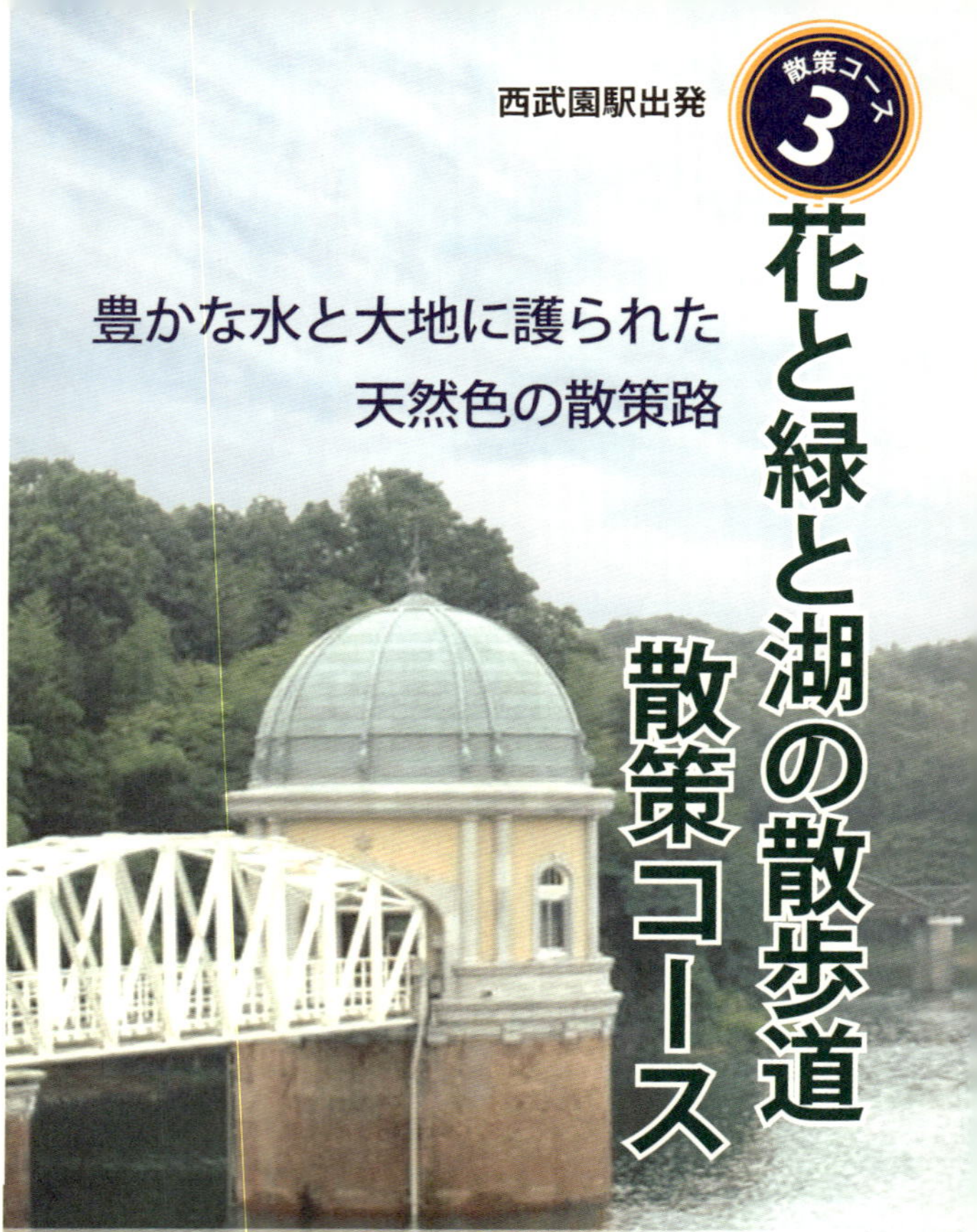

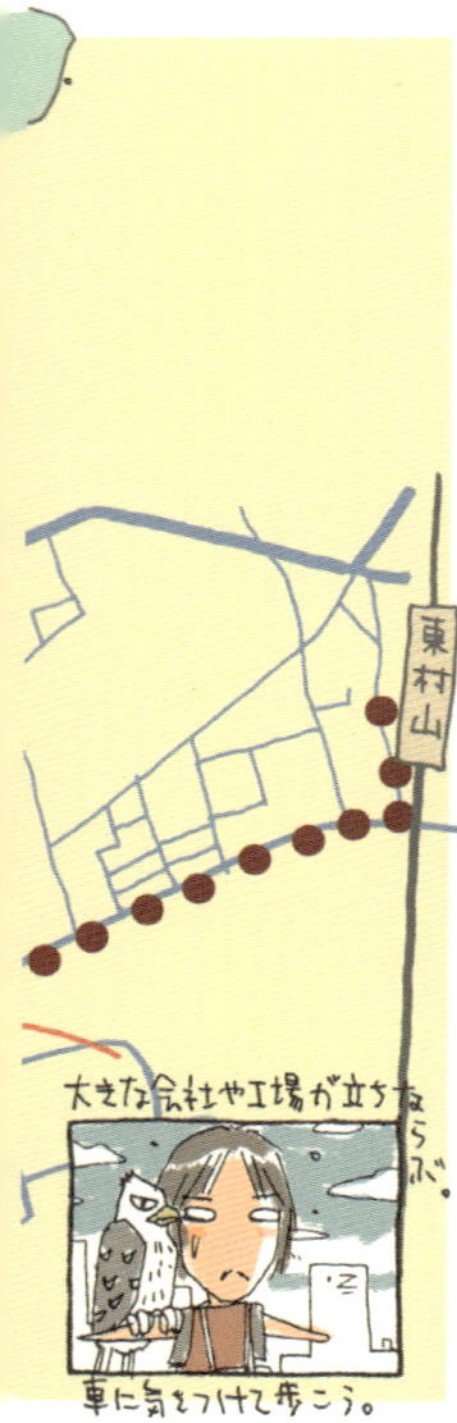

今回は、東村山市北西部（多摩湖町・廻田町）を中心に紹介していきます。

地元では「多摩湖の森」と呼ばれ、広大な自然の残る狭山公園を始め、この地域には今もなお、日本の原風景とも呼べるような、豊かな緑が随所に見られます。

ところが、有名な狭山公園・多摩湖貯水池以外のスポットは、勿体無いことに市内の方々にもあまり知られていないというのが実情だったりもするのです。

町の中にひっそりとさりげなく佇み、地元の人々の日常に溶け込んでいる、そんな自然と人との共存の風景が、ここには存在するのです。

市内外の方を問わず、是非とも一度は足を運んでみてもらいたい、そんなオススメ散策コースです。

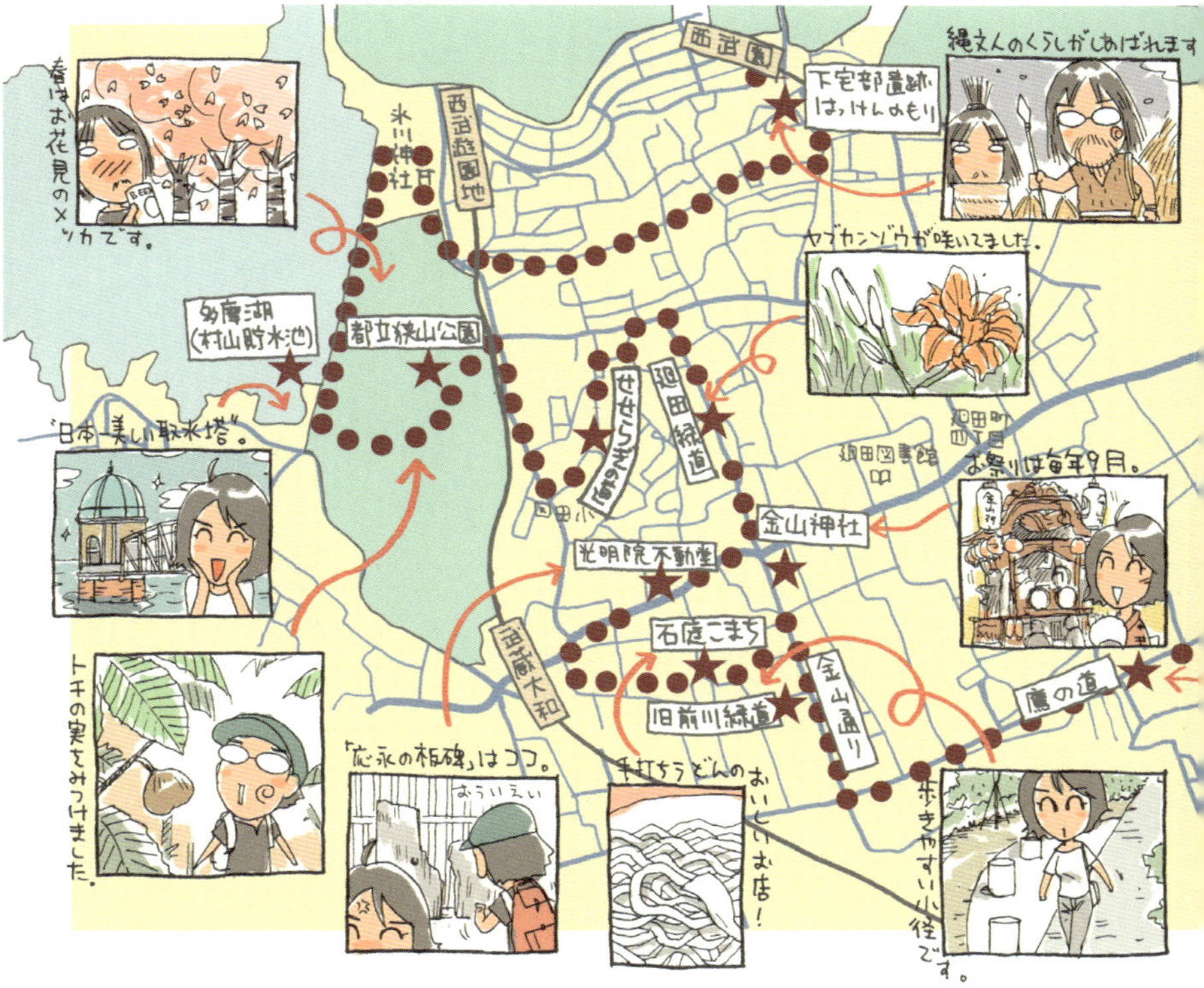

散策コース

徒歩距離 約7.5km

散策時間目安 約2時間30分

西武園駅南口

約300メートル

下宅部遺跡・はっけんのもり p30

約900メートル

都立狭山公園・多摩湖 p31

約1900メートル

多摩湖緑地生物観察路「せせらぎの道」 p34

約500メートル

廻田緑道 p34

約600メートル

金山神社 p35

約300メートル

光明院不動堂「応永の板碑」 p36

約300メートル

旧前川緑道 p37

約300メートル

石庭こまち（武蔵野うどん） p37

約300メートル

金山通り「ハナミズキ並木」 p37

約400メートル

鷹の道 p37

約1700メートル

東村山駅西口広場

下《しも》宅《やけ》部《べ》遺跡《いせき》・はっけんのもり

下宅部遺跡は、都営住宅建て替え工事の際に発見され、平成八年より発掘調査が開始されると、縄文時代後期・晩期、古墳時代、古代・中世の遺構や遺物が続々と見つかりました。

特に縄文時代の土器や石器・木製品、そして猪や鹿の骨など、当時の生活を知る手掛かりとして非常に貴重な史料が多数発見されています。出土品は、「八国山たいけんの里（十六頁）」にて展示されています。

現在、ここの遺跡の一部は地下に埋没保存され、市民憩いの公園「はっけんのもり」として管理されています。

奈良・平安時代の
池状遺構が復元されています。
祭祀用の人口の池で、
中から墨書土器や鉄製品が
見つかったそうだよ。

画像提供：東村山市役所

復元池状遺構

「はっけんのもり
縄文音楽隊」の皆さんの
楽しい演奏会です。

画像提供：東村山市役所

都立狭山公園《とりつさやまこうえん》・多摩湖《たまこ》

市内有数の観光スポットの一つです。広大な雑木林や広場の中を、気軽に自然散策できる遊歩道、また多摩湖堤防の遊歩道からは、多摩湖は勿論、東村山市内を一望することも可能です。

東京都立狭山公園
多摩湖堤防
宅部池
WC
西武遊園地
正門
管理所
青年の森
太陽広場
南門
南の森
アカマツの小道
野鳥の森
武蔵大和

正門付近の氷川神社

【多摩湖《たまこ》・多摩湖堤防《たまこていぼう》】

地元では「多摩湖」と呼ばれますが、正式には「村山貯水池」と言い、東京都の水道専用貯水池です。

一九一六年（大正五年）に建設着工され、実に十年以上もの歳月をかけ、一九二七年（昭和二年）に完成した人造湖です。満水時の貯水量は約一万二千㎥となり、都民の日常生活を護っています。

多摩湖堤防からは、西を向くと湖越しに狭山丘陵の緑が望め、東を向くと東村山市内を一望でき、初日の出スポットとしても有名です。

またここの第一取水塔は、レンガ造りのドーム型の屋根が特徴的なネオ・ルネッサンス様式で、「日本で一番美しい取水塔」と言われています。

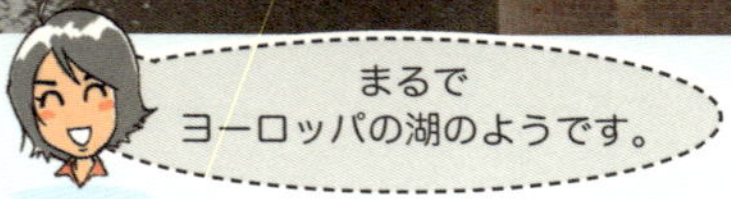
まるで
ヨーロッパの湖のようです。

【桜の名所】

園内にはソメイヨシノ・ヤマザクラ・サトザクラなどの桜が植樹され、桜の名所としても知られており、四月には沢山の花見客で賑わいます。

春にはこんなきれいな桜が
咲き誇ります。

私個人的には、
缶ビールなどを呑みながら
多摩湖堤防の上から
静かに桜を眺めて楽しむのが、
大好きです。

金山神社

金山神社《かなやまじんじゃ》

創建については明らかではありませんが、中世、鍛冶職だった小町大膳左京主水が、鍛冶の神「金山神」を邸内に祀ったことに由来すると伝えられています。

毎年、四月十五日には「春の大祭」が、九月第三日曜日には「秋の大祭」が開催されています。

廻田の由来

金山神社や光明院のある廻田町の「めぐりた」は、たいへん古い地名です。

『廻国雑記』によれば、ここに住んだ人々は狭山丘陵の山あいに集落をつくり、丘陵をとりかこむ形で田んぼを開拓してゆきました。

このため他村との往来は田から田をめぐってゆくことになり、「廻っ田の先の村」ということばがうまれ、やがて廻田（廻り田、回田）として定着したのだといいます。

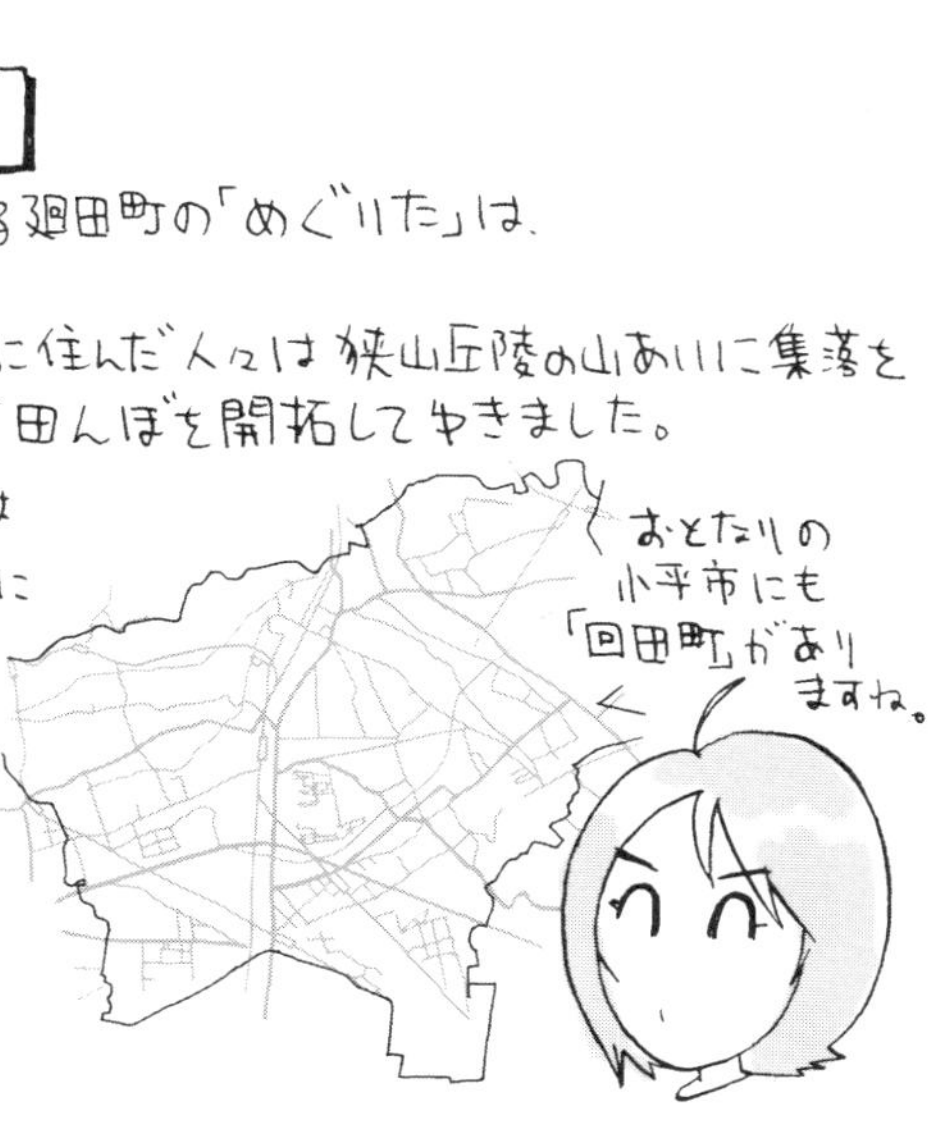
おとなりの小平市にも「回田町」がありますね。

東村山市指定有形民俗文化財「応永の板碑」

光明院不動堂《こうみょういんふどうどう》「応永《おうえい》の板碑《いたび》」

この「応永の板碑」は、一四〇六年（応永十三年）、法華経信仰を同じくする人々によって建てられた「法華経読誦塔」で、「結集板碑」とも呼ばれています。現在では欠落部分も多く、その原形を見ることは叶いませんが、復元すると約四メートルもの大きさになります。これは都内でも最大級の板碑で、東村山市指定有形民俗文化財です。

これらから、中世のこの武蔵野地域では、東村山を中心に強大な法華経信仰の集団があったことが伺えます。

ホー
ホッケキョウー
いや・・・
なんでもないです。

実はこの板碑、江戸～明治頃は前川の橋げたに使われてたんだとか。
それで破損したのかなあ。

廻田安産子育地蔵

光明院不動堂内にある「廻田安産子育地蔵」

旧前川緑道《きゅうまえかわりょくどう》

竹林や雑木林、そして草花が沿道を彩り、四季を通してそれぞれの顔が楽しめる、全長四百m弱の小さな緑の遊歩道です。

春には
桜祭りで
盛り上がる
そうです。

旧前川緑道

石庭《せきてい》こまち（武蔵野うどん）

旧前川緑道の途中、ちょっと寄り道して、東村山名物「武蔵野うどん」は如何でしょうか。

店内の雰囲気も素敵で、手打ちうどんの味も絶品、私たち「まちの横顔散策隊」も大絶賛のお店です。

〔詳しくは七十九頁で紹介しています〕

金山通《かなやまどお》り「ハナミズキ並木《なみき》」

金山神社前から鷹の道へと抜ける金山通り沿いには、ハナミズキの街路樹が植えられています。

四月下旬から五月上旬にかけての花期には、この通りをのんびりと散歩してみるのがオススメです。

ハナミズキ並木　画像提供：東村山市役所

鷹《たか》の道《みち》

江戸時代、武蔵野の一部は尾張徳川家の御鷹場となっており、この「鷹の道」は、鷹狩りの際に通った道とされています。

右手に広がる大きな東村山浄水場の敷地を眺めつつ、当時の人々の生活を想像しながら歩くのも一興です。

東村山駅東口出発　散策コース 4

水辺と緑でまったり散策コース

影法師に誘われて　のんびり歩く贅沢を満喫

今回のコースは、東村山駅東口を出発し、市内を東西に横切る「空堀川」沿いを歩き、広大な敷地を有する東村山中央公園を廻って久米川駅南口に至るまでの散策コースをご紹介します。

空堀川沿いにはほぼ市内全域に亘って遊歩道（一部は車輌通行可）が整備されています。空堀川には多くの魚たちが棲息しており、それを狙って訪れる沢山の鳥たちの姿も見られます。周辺には雑木林や果樹園・屋敷林もあり、長閑な風景が続きます。

また、約十二万㎡と広大で自然豊かな東村山中央公園では、地域の人たちがそれぞれ思い思いの時間を、のんびりと過ごしています。

途中に何か特別な観光スポットがある訳でもないのに、どこまでも気持ちよく歩いていけるような気にさせてくれる散策コースです。

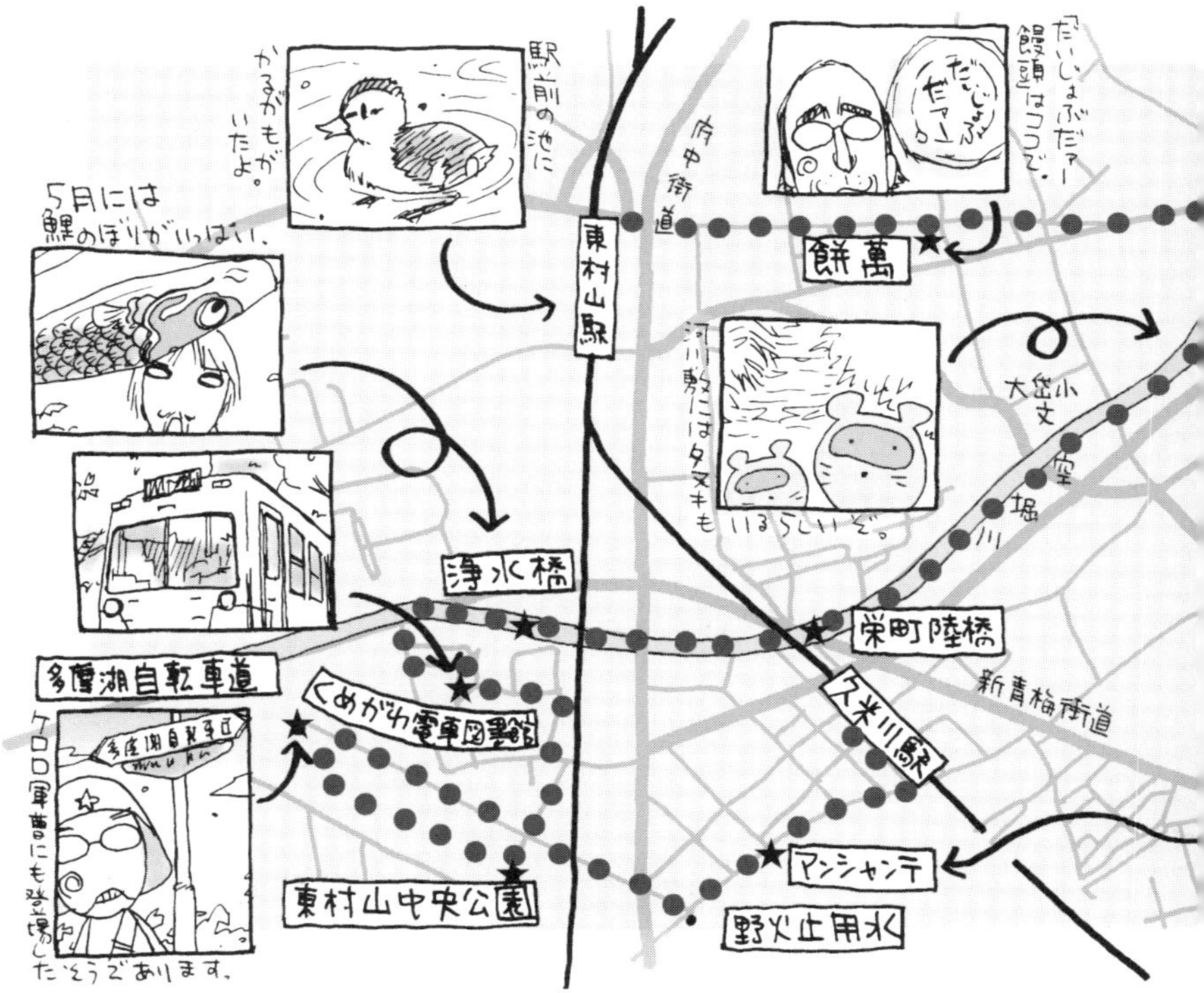

駅前の池にかるがもがいたよ。
5月には鯉のぼりがいっぱい。
「だいじょぶだァー饅頭」はココで。
だいじょぶだァー
府中街道
東村山駅
餅萬
河川敷にはタヌキもいるらしいぞ。
空堀川
浄水橋
栄町陸橋
新青梅街道
久米川駅
多摩湖自転車道
くめがわ電車図書館
ケロロ軍曹にも登場したそうであります。
東村山中央公園
アンシャンテ
野火止用水

散策コース

徒歩距離 約8.8km

散策時間目安 約3時間

- 東村山駅東口 p40
- 約1000メートル
- 和菓子処「餅萬」 p40
- 約1100メートル
- 空堀川「下堀橋」 p41
- 約1900メートル
- 栄町陸橋・久米川橋 p42
- 約800メートル
- 浄水橋 p42
- 約500メートル
- くめがわ電車図書館 p43
- 約700メートル
- 東村山中央公園 p44
- 約800メートル
- 多摩湖自転車道路 p45
- 約1100メートル
- 野火止用水 p48
- 約300メートル
- 欧風菓子「アンシャンテ」 p45
- 約600メートル
- 久米川駅南口

東村山駅東口広場《ひがしむらやまえきひがしぐちひろば》

丁度私たちが取材した時（二〇〇九年六月初旬）、駅前の人工池にカルガモ親子が暮らしていました。生まれて間もない小さな子どもたちが元気に泳ぎ回る姿に、大勢の人が立ち止まって見入っているのでした。もしも毎年この光景が見られるようになるのなら、ここが新たな東村山の名所の一つになるかもしれませんね。

のんびり泳ぐ
カルガモ親子。
町の皆さんも
温かく
見守っています。

和菓子処「餅萬《もちまん》」

東村山名物「だいじょぶだァー饅頭」などで有名ですが、実はかなり正統派の美味しい和菓子屋さんです。ここで好きな和菓子を購入し、空堀川を歩きながら頬張るのが、ここでのオススメ散策方法です。〔詳しくは八十二頁で紹介しています〕

空堀川《からぼりがわ》の生き物たち

水の中を覗くと、オイカワやコイ、モツゴ・ドジョウ・メダカなど多くの小さな魚たちの泳ぐ姿が見られます。それを狙ってカルガモやコサギ、カワセミ・アオサギ・カワウなど多種多様な水辺の鳥が集まり、更にはタヌキも棲息しています。また周辺の雑木林でも、多くの野鳥や昆虫の姿を観察することができます。

セグロセキレイ

空堀川《からぼりがわ》

柳瀬川の支流であり、武蔵村山市の野山北公園から、東大和市・東村山市・清瀬市を流れる、全長約十五kmの一級河川です。

実は昭和四〇年代は「都内で一番汚い川」と言われ、川沿いにはいつもヘドロ臭が漂っているような、とても近くを散策する気にはなれない汚い川でした。しかしその後、河川改修工事や下水道整備、また「空堀川に清流をとりもどす会」の人たちの努力により、美しい流れを取り戻しつつある川なのです。

「「空堀川に清流をとりもどす会」については七十二頁で紹介しています」

「空堀」の由来は開拓の森林伐採で水が涸れてたとか雨がすくないと涸れやすいとか諸説あります。
スカー
これは空振り。

タヌキも棲んでいるそうです。
運が良ければあえるかも！

カブトムシ

カルガモ

久米川橋《くめがわばし》周辺

栄町陸橋下をくぐった先にある久米川橋の辺りでは、釣り人たちの姿を確認できます。時々この釣り人に交ざって一羽のコサギがおり、釣り人に釣った魚を貰うのを待っています。魚が釣れるとその釣り人の近くまでヒョコヒョコ寄っていく姿は愛嬌があって可愛いので、もしもこの場にコサギがいた時は、ちょっと様子を観察するのもオススメです。

あ！
ゲットー♪

浄水橋《じょうすいばし》周辺

浄水橋のすぐ脇には「からぼり広場」があり、そこでは五月下旬に「川まつり」が行なわれています。空堀川を横断するように鯉のぼりを渡し、魚の放流やどじょう掴み取りなどのイベントが開催されます。

掬うな
掬うな

でんしゃとしょかん

くめがわ電車図書館とその周辺

Information

【開館日】
水曜日・10 時～ 12 時／ 14 時～ 16 時半
土曜日・14 時～ 16 時半（祝祭日は休み）

「グリーンタウン美住一番街」の敷地内には、古くなった西武線車輌を利用した「くめがわ電車図書館」があり、子どもたちに大人気です。また周辺の街路樹の桜は、満開時にはまるで大きな花のトンネルのように道を覆い、地域の人々にとっての隠れた桜の名所として親しまれています。

黄色い電車の中には
おもしろそうな本がぎっしり！
内部も電車のシートやつり革を
そのまま使っています。

長新た「なんじゃもんじゃ博士」
がおいてありました。

東村山中央公園《ひがしむらやまちゅうおうこうえん》

一年を通して野鳥観察の楽しめるバードサンクチュアリや昆虫観察に適した雑木林、芝生を敷きつめた広大な広場などがあり、いつも賑わっている市民憩いの公園です。

夏には
水遊びができます。

画像提供：東村山市役所

東京都立東村山中央公園

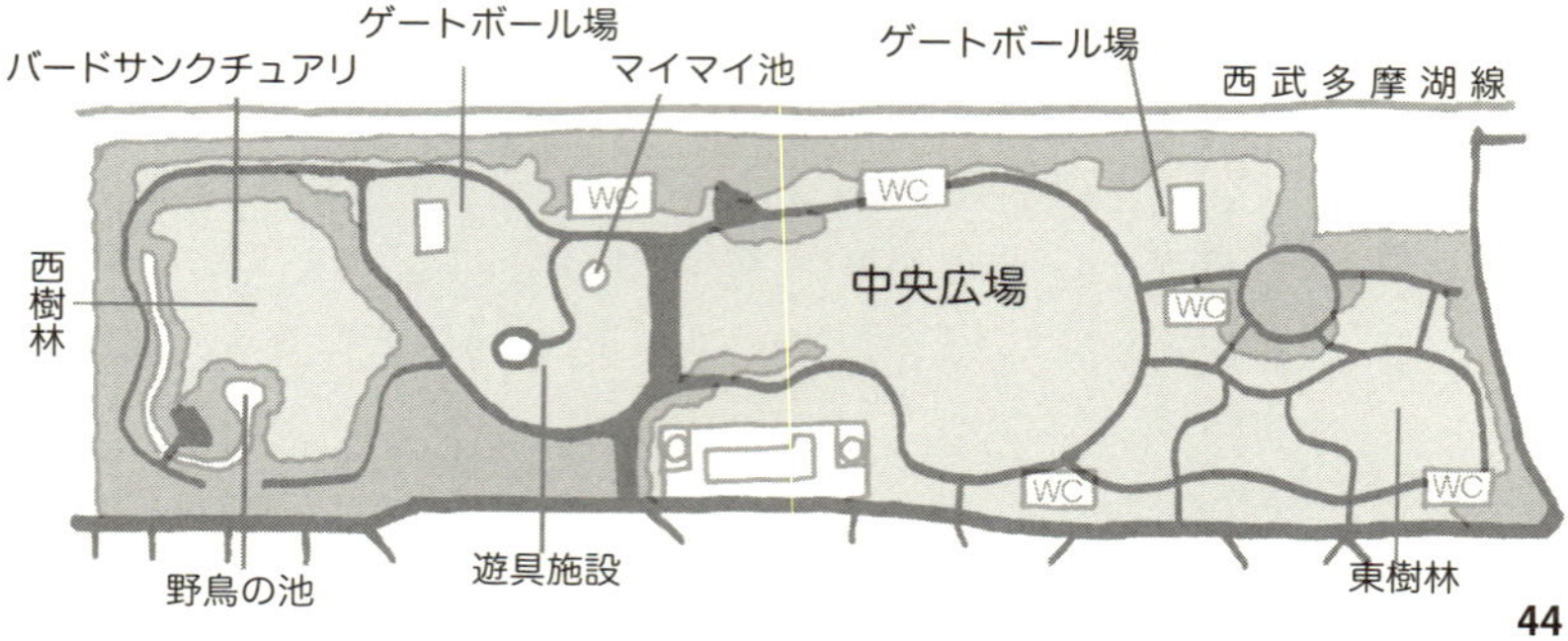
ゲートボール場
バードサンクチュアリ
マイマイ池
ゲートボール場
西武多摩湖線
WC
WC
中央広場
WC
西樹林
WC
WC
遊具施設
野鳥の池
東樹林

多摩湖自転車道《たまこじてんしゃどう》

西東京市と東村山市の多摩湖との間を結ぶ約二十㎞の歩行者・自転車専用道路。地元では「水道道路」とも呼ばれています。道端には様々な樹木や草花が生えており、地域の人たちの人気散策コースの一つです。

きれいに舗装された
気持ちいい道路です。
沿道には季節の
草花がいっぱい。

多摩湖自転車道
Tamako jitensha dō Ave.

路

欧風菓子「アンシャンテ」

オススメのケーキ屋さんです。散策の最後に、ここで美味しいケーキを買って帰るのが、私のいつものパターンです。

〔詳しくは八十二頁で紹介しています〕

OPEN

久米川駅北口出発　散策コース 5

せせらぎの小径～過ちの歴史散策コース

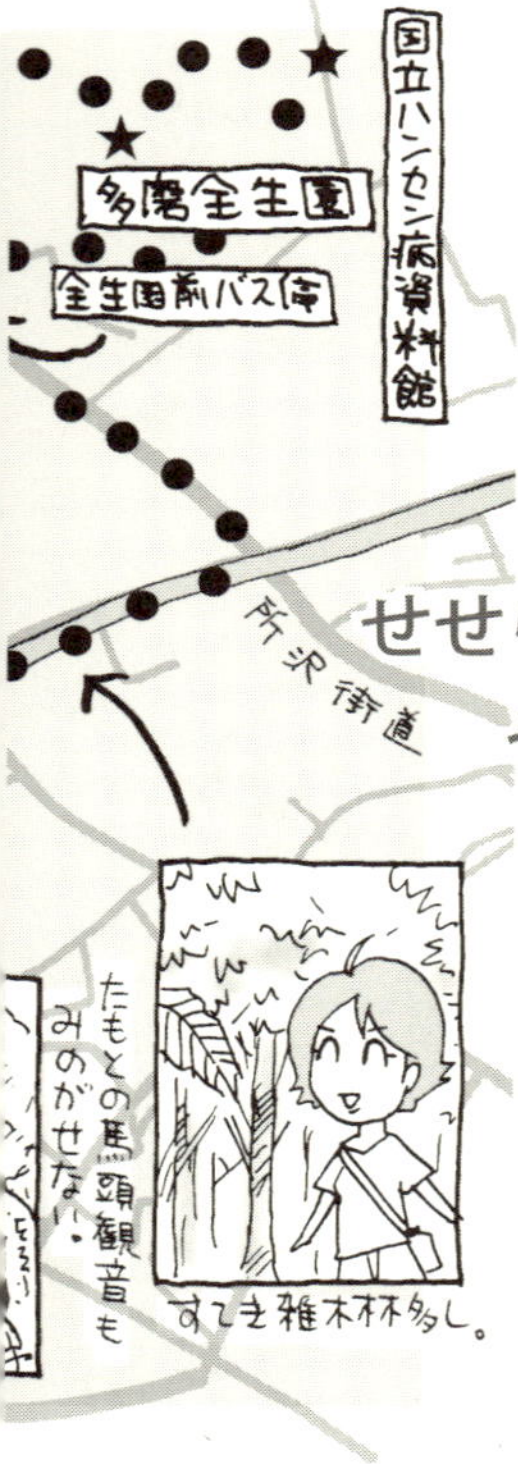

せせらぎの音楽を聴きながら やわらかな木漏れ日散歩

今回は、久米川駅を出発し、野火止用水沿いを歩き、多磨全生園「国立ハンセン病資料館」までを辿るコースを紹介します。

野火止用水とは、小平市の玉川上水から分水を受けて新座市へと続く、穏やかな流れの小さな用水路です。水中では小魚たちが群れを作って泳ぎ、用水路沿いに覆い茂る木々には沢山の鳥たちが訪れます。また周辺には果樹園や雑木林なども多く存在する、四季を通してオススメの散策コースです。

そして国立療養所多磨全生園「国立ハンセン病資料館」。緑豊かで広大で、とても穏やかな敷地内の風景からは想像し難い、しかし現代の私たちも決して目を背けてはならない、哀しい歴史を持つ施設です。是非とも一度は立ち寄って頂きたい場所の一つです。

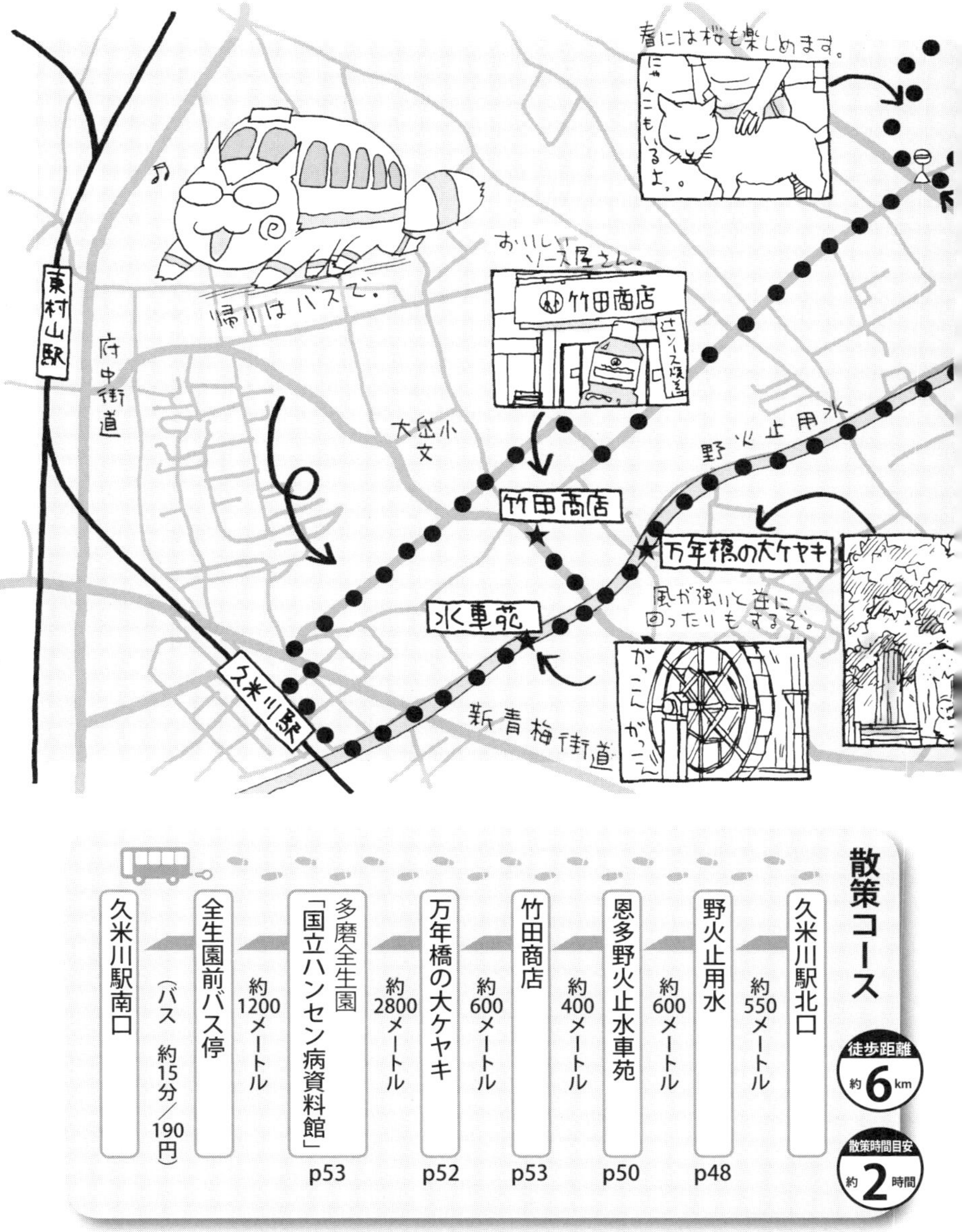
春には桜も楽しめます。
にゃんこもいるよっ。
おいしいソース屋さん。
竹田商店
帰りはバスで。
東村山駅
府中街道
大岱小
文
野火止用水
竹田商店
万年橋の大ケヤキ
水車苑
風が強いと逆に回ったりもするぞ。
がっこんがっこん
久米川駅
新青梅街道

散策コース

徒歩距離 約6km

散策時間目安 約2時間

- 久米川駅北口
- 約550メートル
- 野火止用水 p48
- 約600メートル
- 恩多野火止水車苑 p50
- 約400メートル
- 竹田商店 p53
- 約600メートル
- 万年橋の大ケヤキ p52
- 約2800メートル
- 多磨全生園「国立ハンセン病資料館」 p53
- 約1200メートル
- 全生園前バス停
- （バス　約15分／190円）
- 久米川駅南口

木々に囲まれた遊歩道

久米川駅北口を出て約三百m弱、まず辿り着くのは、広葉樹に囲まれた遊歩道。実はこの地面の下には、既に用水が流れていますが、まだしばらく見ることができません。新青梅街道を渡ると、ようやくその緩やかなせせらぎが姿を現わします。

味のある
商店街の先です。

久米川北口商店街

野火止用水《のびどめようすい》

一六五五年（明暦元年）に川越藩主松平信綱によって造られた生活用水路であることから、信綱の官職名「伊豆守」にあやかり、「伊豆殿堀」とも呼ばれています。その後、その利用価値は薄れ、戦後は生活排水を流すようになり水質が悪化、一九七三年にはついに取水が止められてしまった過去があります。そして十一年後の一九八四年、東京都の「清流復活事業」により再整備されて流水が復活し、現在では、ハヤ・オイカワなどの魚たちや、ザリガニ・貝類などが棲み、またそれを狙ってコサギやカモなどの鳥たちも多く訪れるスポットになっています。

野火止用水の風景

野火止用水沿いには小さなお稲荷さんや公園、民家の玄関先には採れたて野菜の直売所。水路を外れてちょっと横道にそれると、予期していなかったおもしろいものが見つかるかもしれませんよ。

きれいな水の中を
カメやコイが
のんびり泳いでいます。

時々見かける無人直売所では、
新鮮で美味しい野菜が
安く購入できるので
要チェック！

この野火止用
には、下水をきれいに
(浄化)した水を流して
います。飲んだり、泳
いだりしないでね。

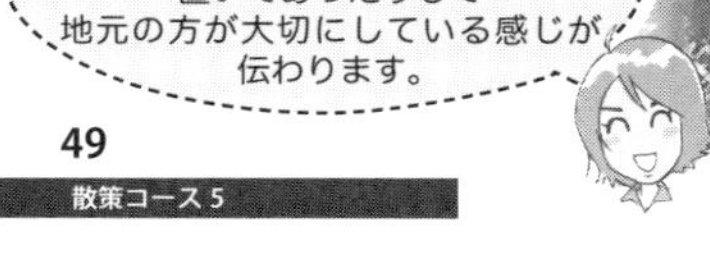

遊歩道沿いは
かわいい看板があったり、
民家の脇にベンチが
置いてあったりして
地元の方が大切にしている感じが
伝わります。

恩多野火止水車苑《おんたのひどめすいしゃえん》

この近くには一七八二年頃より一九五一年まで、「ヤマニ水車」と呼ばれる水車があり、精米・精麦・製粉などの動力源として使用されていました。現在の水車は観光用のものですが、木漏れ日の中で水の音を聞きながら休憩できるベンチもあり、憩いの場として活用されています。

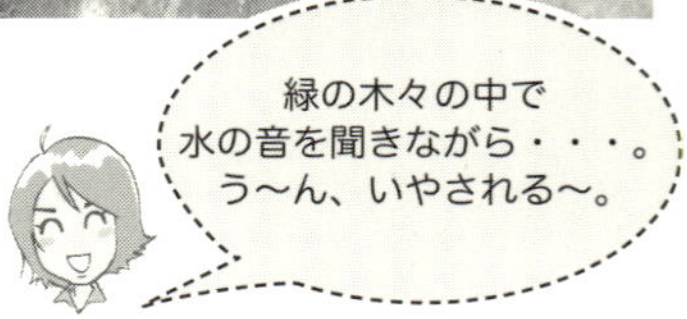
緑の木々の中で
水の音を聞きながら・・・。
う～ん、いやされる～。

点在する雑木林

この辺りには未だ多くの雑木林が点在し、コゲラ・メジロ・シジュウカラ・ヒヨドリなどの野鳥や、夏の頃にはクワガタ・カブトムシなどを始め多くの昆虫の姿も見ることができます。私たちが散策したこの日（五月）も、冬眠から目覚めたばかりのコクワガタを十匹近く確認しました。

この虫の
血液型は
何型？
くわがた
なんちてー
あー
うるさい

コクワガタ

私有地の場合も
あるので
よく確認してから
入りましょう。

万年橋《まんねんばし》の大ケヤキ

樹齢七百年とも言われる、東村山市指定天然記念物のケヤキです。用水を掘る際、この木が大木であった為、その下を掘り進んだという伝説（真偽は不明）が残されているように、根が用水の上にまたがっているのを見ることができます。

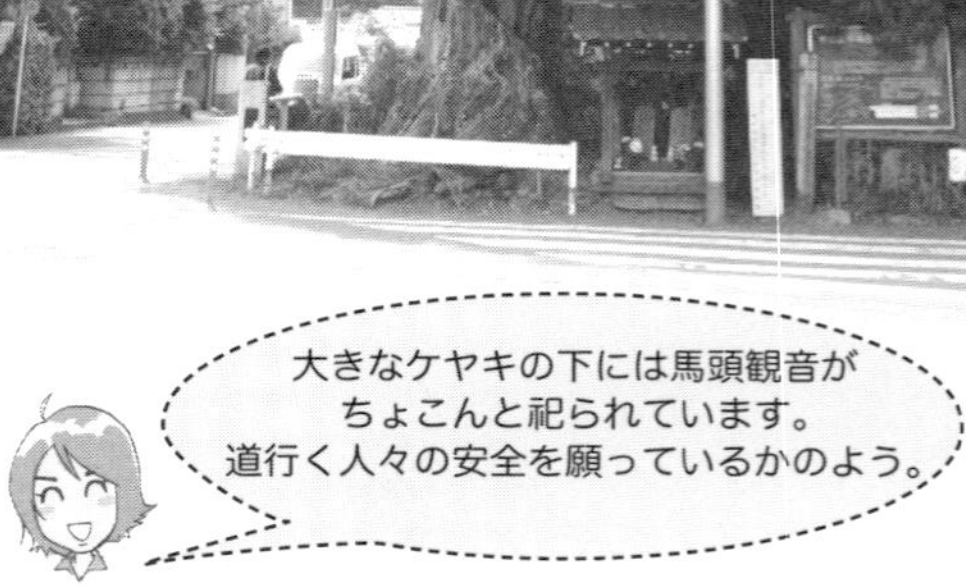
大きなケヤキの下には馬頭観音が
ちょこんと祀られています。
道行く人々の安全を願っているかのよう。

多磨全生園《たまぜんしょうえん》「国立ハンセン病資料館」

「国立療養所多磨全生園」敷地内にある「国立ハンセン病資料館」は、ハンセン病患者や元患者、その家族への差別や偏見、またその人権回復までの過程など、歴史的事実を証明する資料の充実した施設です。また隣接する全生園内は、緑の多い広大な敷地となっていて、その歴史を振り返りながらの散策がオススメです。

〔詳しくは七十四頁で紹介しています〕

竹田商店《たけだしょうてん》

ここは私も普段から買わせてもらっているオリジナルソース屋さん。地域で採れた野菜などから作られたソース各種が絶品です。ちょっと寄り道してみる価値充分！

〔詳しくは八十三頁で紹介しています〕

散策コース 6

秋津駅・新秋津駅出発

鮎の棲む森〜とんぼの町散策コース

自然と人々とが融合する 平和のまちかど散歩道

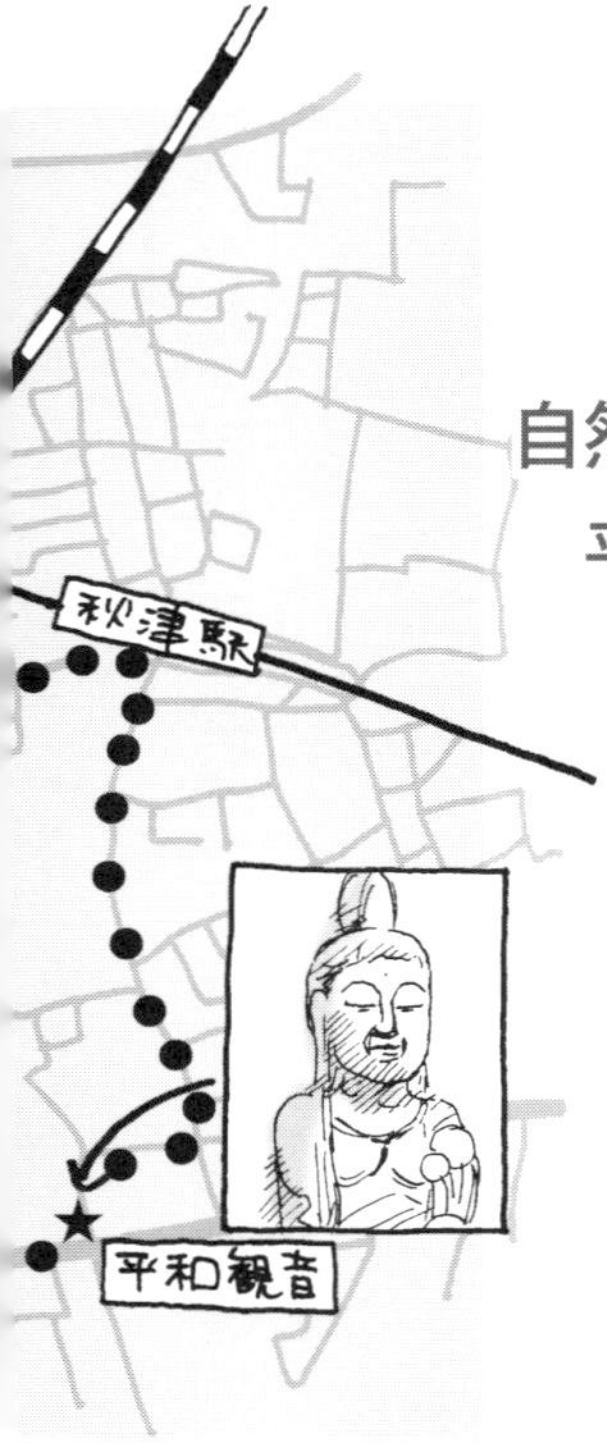

最後は、東村山市秋津町周辺のオススメ散策コースです。

「秋津」とは古来「トンボ」のことを指し、実際この地には様々な種類のトンボが、雑木林や川の周辺に棲息しています。

以前、この地域が「秋津」の名になった由来を調べたことがあります。その時の文献などによると、古代、府中の国司としてこの地に住んだ秋津朝臣に由来するという説や、この地の柳瀬川周辺の低湿地をかつて「アクツ」と呼んだことに由来する、といった説がほとんどでした。

生き物好きな私としては、「トンボは直接には関係ないのか」と少しがっかりしたものですが、緑や水が豊かなこの地域を散策していると、今でも多くのトンボと出逢うことができるし、やっぱり私にとっては勝手に「トンボの町」であってもらいたいのです。

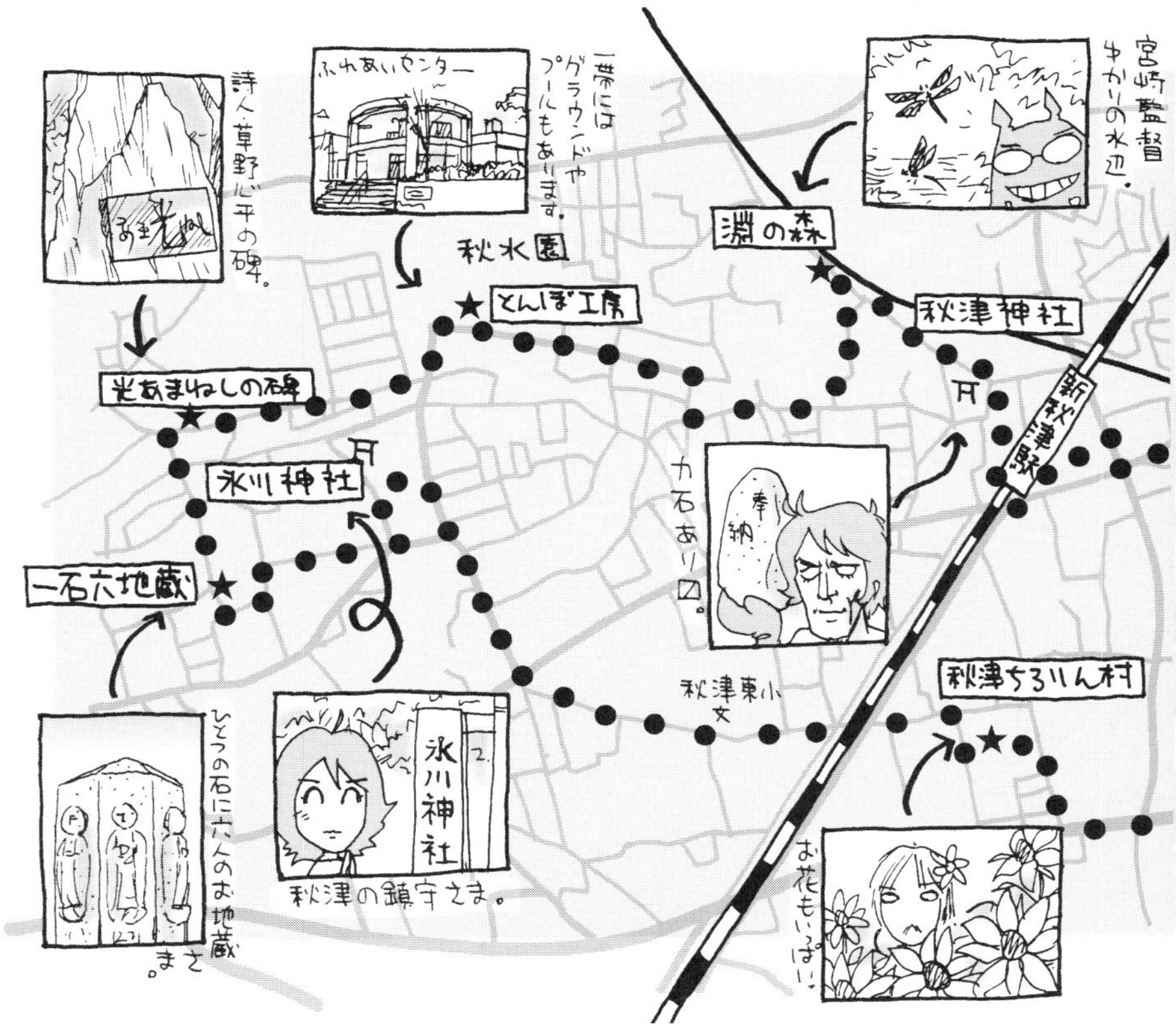

詩人草野心平の碑。
ふれあいセンター
一帯にはグラウンドやプールもあります。
秋水園
宮崎監督ゆかりの水辺。
淵の森
とんぼ工房
秋津神社
光あまねしの碑
新秋津駅
氷川神社
力石あり〼。
奉納
一石六地蔵
秋津東小
秋津ちろりん村
ひとつの石に六人のお地蔵さま。
氷川神社
秋津の鎮守さま。
お花もいっぱい!

散策コース

徒歩距離 約5.4km

散策時間目安 約1時間50分

- 秋津駅南口 p56
- 約400メートル
- 新秋津駅 p56
- 約100メートル
- 秋津神社 p57
- 約100メートル
- 秋津公園 p57
- 約500メートル
- 淵の森（柳瀬川） p58
- 約1000メートル
- とんぼ工房 p59
- 約500メートル
- 草野心平「光あまねしの碑」 p59
- 約200メートル
- 一石六地蔵 p60
- 約500メートル
- 氷川神社 p60
- 約1000メートル
- 農とみどりの体験パーク「秋津ちろりん村」 p60
- 約500メートル
- 平和観音 p61
- 約600メートル
- 秋津駅南口

秋津商店街《あきつしょうてんがい》（秋津駅《あきつえき》～新秋津駅《しんあきつえき》）

西武池袋線「秋津駅」とJR武蔵野線「新秋津駅」は、双方乗換駅となっているのですが、その駅間が約四百m近く、しかも商店街の中を歩いて経由するという、ちょっと変わった構造となっています。日々の通勤・通学による乗換利用客数は五万人以上と言われており、毎朝夕ラッシュ時の喧騒は原宿「竹下通り」にも負けないのではないか、と思える程です。

そんな賑わいの通り沿いに、いつしか個性的で様々な業種のお店が立ち並び、いつも活気に溢れている一角になったのです。勿論、日本全国からわざわざそのケーキを買いに来る人が後を絶たない有名洋菓子店「ロートンヌ」や、絶品焼き鳥が評判の老舗飲み処「春駒」など、それぞれのお店自体の持つ力があるからこその活況なのです。

秋津駅 南口
川越
SEIBU
電車が到着するたびに
どーっと人の波が。
乗り換えのついでに
商店街でちょっと一杯♪
という楽しみも
ここならでは。

JR
新秋津駅
夏には
ツバメの子育てが
見られるかも。

秋津神社《あきつじんじゃ》

古くから「秋津のお不動様」として地域の人々に親しまれています。本殿に安置されている石造りの不動明王像は一六九九年（元禄十二年）に造られたと言われています。

また境内には、かつて若者たちの娯楽の一つ「力くらべ」に使用された「力石」も奉納されています。

力石（ちからいし）

不動明王は仏教のご本尊ですが、
明治時代に日本武尊（ヤマトタケル）を
改めて祭神にまつり、
現在の秋津神社に
なりました。
祭

秋津公園《あきつこうえん》

秋津神社のすぐ裏手にある小さな緑に囲まれた公園です。敷地内に湧き水が出ており、それによって造られた小さな池の周辺にはトンボが飛び交い、池の中では鯉やザリガニ・ヤゴなどが棲息しています。

柳瀬川

淵《ふち》の森《もり》（柳瀬川《やなせがわ》）

アニメーション作家の宮崎駿さんが会長を務める「淵の森保全連絡協議会」によって、その豊かな自然が護られた柳瀬川沿いの小さな雑木林です。

沢山のハグロトンボや、コクワガタ・カナブンなど甲虫の姿が見られ、カワセミやタヌキなどとも、運が良ければ出逢うことができます。またアズマイチゲやキツネノカミソリなど、ちょっと珍しい植物も自生しています。更に敷地内の柳瀬川には、二十㎝以上もある鮎が棲息していることも確認されています。

ハグロトンボ

この近くに住む
私の知人も、
この淵の森で何度か
宮崎駿さんを
見たことが
あるそうです。

とんぼ工房《こうぼう》

東村山市のゴミ処理施設「秋水園」敷地内にある施設です。秋水園に運び込まれたゴミの中から、まだ使えそうな家具やおもちゃ・衣類などを取り出して再生し、市内のリサイクルショップやイベントなどで販売しています。

また、木工教室やおもちゃの病院などといったイベントも、定期的に開催されています。

Information
【開放日】
土曜日・日曜日　10 時～ 15 時
（祝祭日及び年末年始は休館）

私の家のベランダでも、ここでつくられた可愛らしい「猫のプランターカバー」が、いつも目を楽しませてくれています。

草野心平《くさのしんぺい》「光《ひかり》あまねしの碑《ひ》」

詩人草野心平は、昭和三十八年から亡くなるまでの二十五年間を、この秋津の地で過ごしました。

彼はこの地をこよなく愛し、「自然のまま」という意味を込めて「五光」と名付けました。昭和四十六年、秋津橋のたもとに「五光の碑」が建てられ、その際、草野心平は地域の幸せを願い、ヒノキの角柱に「光あまねし」の文字を記しました。その文字も薄れてきた昭和五十六年、地域の人々の尽力により、改めてこの「光あまねし」の記念碑が建てられました。

草野心平さんは、
福島県出身の詩人です。
詩の文末に句読点を
使うのが特徴的で、
「蛙の詩人」
といわれるほど
蛙をテーマにした詩が
多く残されています。

一石六地蔵《いっせきろくじぞう》

一七〇〇年代、秋津の角田氏が、幼くして亡くなった二人の子どもたちの供養の為に建てた六地蔵です。

一つの六角石柱の各面に、それぞれ地蔵菩薩が彫られた六地蔵は多摩地域でも珍しいものです。東村山市の有形民俗文化財に指定されています。

氷川神社

氷川神社《ひかわじんじゃ》

八一八年（弘仁九年）頃より秋津の鎮守として崇敬されてきたと伝えられています。主祭神は農業の神「須佐之男命（スサノオノミコト）」、境内には末社、愛宕神社・八雲神社・三峰神社があります。

農とみどりの体験パーク「秋津《あきつ》ちろりん村」

「都市における農の風景を保全しつつ、市民が土と触れ合いながら自然の大切さを体験的に学び、みどりの啓発の実践の場として、市民生活の向上に寄与することを目的とした一般開放公園（東村山市ウェブサイトより）」とある通り、約五千四百㎡の敷地の半分が体験農園、もう半分が公園・管理施設棟となっている、広大な緑の空間です。蝶を始めとする昆虫や、野鳥なども多く訪れ、私たちの目を楽しませてくれます。

じゃがいも掘りや夏野菜収穫など、年間を通じて様々なイベントも開催されています。

ゴマダラカミキリ

私たちが訪れた
この日は、
いきなり目の前に
ゴマダラカミキリが
飛んできて、
目を楽しませて
くれました。

平和観音《へいわかんのん》

太平洋戦争中の一九四五年（昭和二十年）四月二日、この地にアメリカ軍のB29爆撃機が墜落し、乗っていた十一名の米兵が亡くなりました。地域の住民たちは、当然の如く彼らに憎悪の念を抱きましたが、その中でただ一人、小俣権次郎という人は「仏になったら敵も味方もない」と言いながら、墜落の影響でバラバラになってしまった米兵の亡骸を丁寧に集めて手厚く葬り、一九六〇年（昭和三十五年）、その墜落現場に平和観音が建立されました。

その後、小俣権次郎（一九六〇年没）の子息がテキサス州（亡くなった米兵たちの故郷）に招かれ、大切に保管していた米兵の遺品を遺族に返還、この一連の話は「オマタズストーリー」として全米で大きな話題となりました。

市内でもその存在を知らない人が多い、ささやかな平和観音ですが、本当の平和を願う人々によって建てられた、本当の意味での平和観音なのです。

誰が何と言おうと、秋津ときたらトンボなのだ！

秘蔵アルバム大公開しちゃうよ〜ん。

昆虫バカ・・・。

・・・というわけで　秋津で見つけたトンボたち　**勝手にミニミニ図鑑**

シオヤトンボ（♀）

シオカラトンボ（♂）

ノシメトンボ（♀）

アオモンイトトンボ（♂）

ハグロトンボ（♂）

アキアカネ（♂）

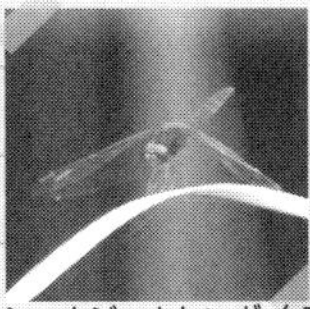
ショウジョウトンボ（♂）

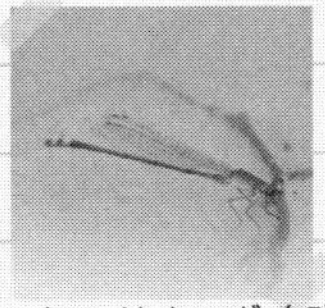
クロイトトンボ（♂）

もっと知りたい東村山！

時間を超えて現代に甦る いにしえのまちなみ

散策コースを一通りご紹介してきましたが、ここでは「知っておくともう一歩、散策が楽しくなる（かもしれない）」情報をお届けします。平面地図からだけではなかなか読み取れない、散策スポットごとの「深さ」や「重み」などを感じて頂ければ幸いです。

前半では「東村山の歴史・文化・民俗」についての概要をお伝えします。これらを読んだ上でそれぞれの史跡を巡れば、長い歴史の中での「どの時代に今、自分は立っているのか」が一層はっきりして、また違った楽しみ方が見つかるかもしれません。

また後半では、これまでそれぞれのコースで紹介した中から特に、より詳しく掘り下げてお伝えしたい散策スポットを幾つか、更には、私たちが関心を奪われた、明日の東村山のことを考え頑張って活動している人たちのことをご紹介していきます。

東村山のあゆみ

旧石器時代	人々が暮らし始める 日向遺跡など
縄文時代	集落がつくられる 笹塚遺跡　下宅部遺跡
飛鳥時代	武蔵国多摩郡の成立 東山道の設置
奈良時代	瓦塔がつくられる

平安時代
悲田処の設置（八三三）
武蔵七党の台頭

鎌倉時代
鎌倉古街道の開通　久米川宿が栄える
新田義貞、久米川で戦う（一三三三）

室町時代
正福寺地蔵堂がつくられる（一四〇七）

江戸時代
多摩一帯が幕府のお鷹場とされる（一六三三）
野火止用水がつくられる（一六五五）

明治時代
五か村が合同、東村山村となる（一八八九）
三多摩地域が神奈川県から東京都に移る（一八九三）
東村山に停車場ができる（一八九四）
川越鉄道の開通（一八九五）
全生園がつくられる（一九〇九）

大正時代
東村山郵便局ができる（一九一二）
村山貯水池（多摩湖）ができる（一九二五）

昭和時代
東村山町となる（一九四二）
東京都浄水場ができる（一九六〇）
東村山市になる（一九六四）

史跡マップ

将軍塚
久米川古戦場跡
梅岩寺
徳蔵寺
鎌倉古街道
西武園
ふるさと歴史館
下宅部遺跡
西武遊園地
多摩湖
正福寺
東村山
光明院不動堂（応永の板碑）
金山神社
鷹の道
野火止用水
武蔵大和
久米川

東村山市のすがた

総人口
151,184人
（平成21年7月1日）

人口密度
8,805人/km²

市の木
ケヤキ

市の花
ツツジ

市の鳥
ハクセキレイ

著名な出身者
志村けん / 相田翔子
杉浦幸 / 中谷美紀
矢部太郎 / 原田泰造
栗原由佳 / 清水市代
鳥谷敬（敬称略）

面積
17.17km²

姉妹都市
新潟県柏崎市
米国ミズーリ州インディペンデンス市
中国蘇州市

隣接自治体
東久留米市 / 清瀬市
東大和市 / 小平市
埼玉県所沢市

東村山のはじまり 縄文から東山道へ

村のあけぼの

東村山に人類の最初の足跡が現れるのは、今から一万数千年前の旧石器時代のことです。

武蔵野台地と狭山丘陵の豊かな自然に囲まれたこの地で、私たちの祖先は生活を営み始めました。

続く縄文時代には幾つかの集落が作られ、笹塚遺跡や下宅部遺跡でその暮らしぶりをしのぶことができます。

笹塚遺跡　発掘現場　画像提供：東村山ふるさと歴史館

縄文女性の装い（想像図）

縄文人は
たて穴式住居にすみ
動物や魚を捕らえて
くらしていました。
本格的な農耕生活が
はじまったのは
続く弥生時代以降
だと考えられています。

中央による支配

しかし弥生時代になると気温の低下から自然環境が悪化。生活が苦しくなった人々は土地を離れ、この時期の遺跡はわずかしか残されていません。

やがて奈良に朝廷が成立し、律令によって中央が地方を支配するしくみができると、東村山の辺りは武蔵国に属するようになります。

そしてこのとき武蔵国府（現在の府中市）と上野国を結ぶ為に造られた官道が「東山道」でした。

瓦塔と板碑

東村山の史跡散歩でよく目につく「瓦塔」と「板碑」。これらは古代から中世にかけてのモニュメントです。

飛鳥時代に伝来した仏教は、奈良時代に全国に広まりました。

瓦塔は仏教の重要建築である塔を模して、瓦で焼かれたものです。はっきりした用途はわかっていませんが、信仰の対象であったことは間違いないでしょう。

板碑は板状の石材で作られた供養碑で、中世に流行しました。特に関東では秩父産の緑泥片岩が使われ、青みがかった美しいものが多く残されています。

むかしの人々の、おごそかな祈りの対象です。

瓦塔
（東村山ふるさと歴史館）

板碑
（徳蔵寺板碑保存館）

東山道

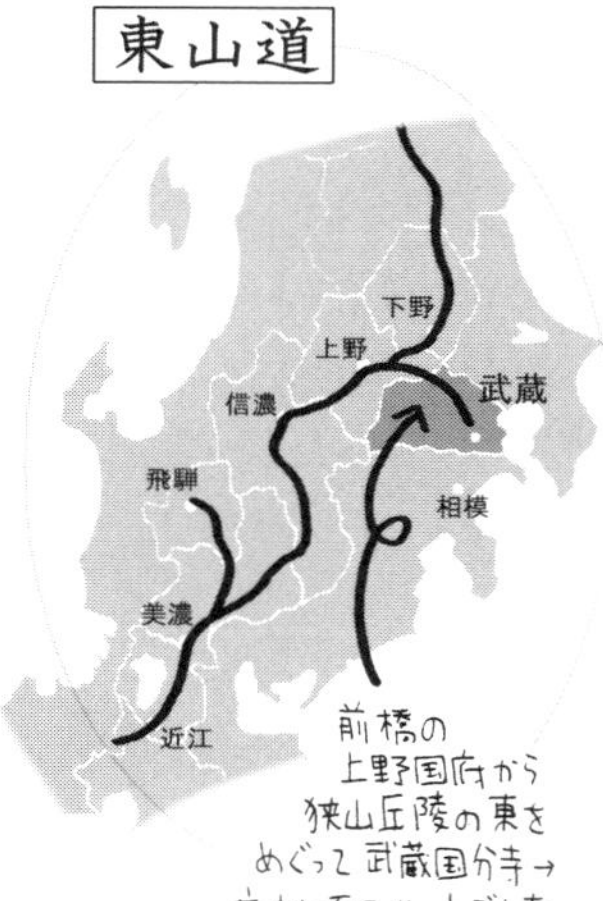
下野
上野
武蔵
信濃
飛騨
相模
美濃
近江
前橋の
上野国府から
狭山丘陵の東を
めぐって武蔵国分寺→
府中に至るルートでした。

東山道の成立

東山道は幅十二mもある広い幹線道路でした。道は人や物を運び、文化を運びます。東村山にも、ふたたび人々の暮らしが戻ってきたのです。

この頃の遺跡は川沿いに分布しており、水田を中心とした農耕生活が営まれていたことがうかがえます。

たたかいと信仰の時代
鎌倉街道と新田義貞

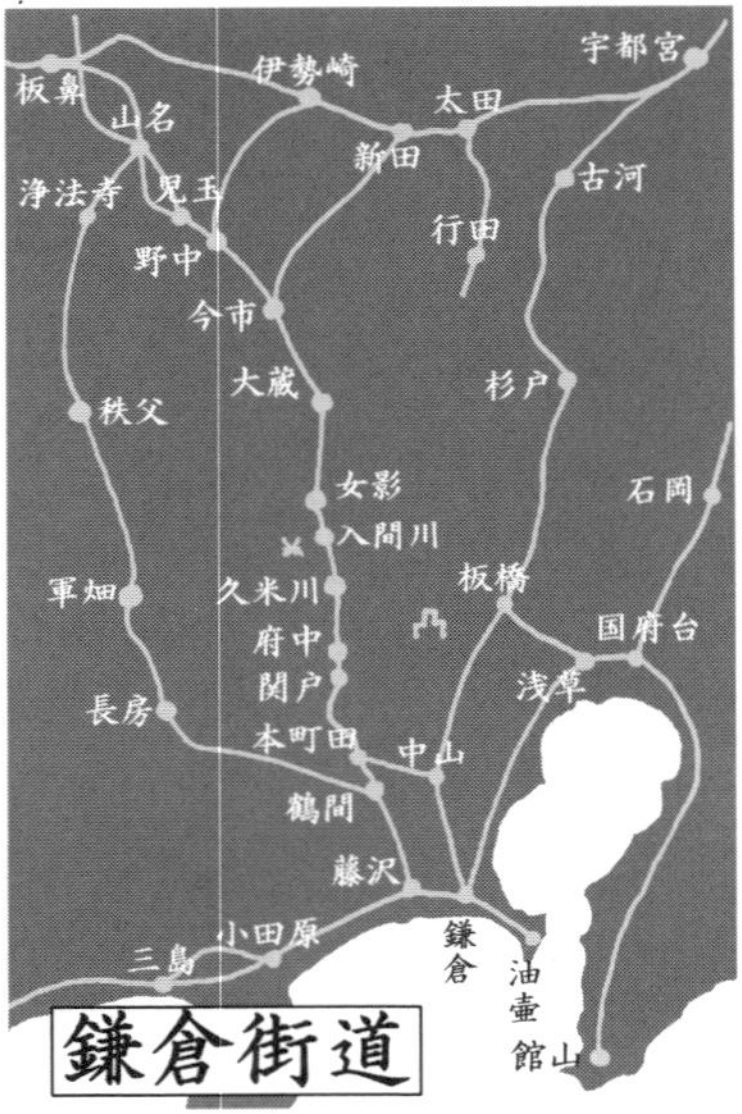
宇都宮
伊勢崎
板鼻
山名
太田
新田
古河
浄法寺
児玉
行田
野中
今市
大蔵
杉戸
秩父
女影
石岡
入間川
久米川
板橋
国府台
軍畑
府中
関戸
浅草
長房
本町田
中山
鶴間
藤沢
小田原
鎌倉
三島
油壷
館山
鎌倉街道

鎌倉街道と戦乱の時代

十二世紀に入り、源頼朝によって開かれた鎌倉幕府は、さらなる支配強化の為に関東一円と鎌倉を結ぶ鎌倉街道を整備しました。

この幹線上の重要な宿駅として置かれたのが久米川宿。配流途中の日蓮も草鞋を脱いだ、歴史に名を残す宿でした。

しかしやがて幕府の力が衰え始めると、街道筋は戦場となります。

鎌倉末期、群馬で兵を挙げた猛将新田義貞は鎌倉を目指して攻めのぼり、各地で転戦を繰り返しました。久米川古戦場跡は、そんな彼らの戦いが行なわれた場所の一つです。

武蔵七党

平安後期になると各地で武士が台頭し始めます。武蔵国では武蔵七党と呼ばれる武士団が勢力を強め、このうち村山党が狭山丘陵に進出しました。村山党はその本拠地が瑞穂町から武蔵村山市にかけての地域で、その東側にあたることから、東村山の地名が生まれました。

鎌倉古街道

鎌倉古街道（p25 参照）

南武線分倍河原駅前には
りりしい新田義貞公の像が
たてられて
います。
どりゃあ

神社いろいろ

【氷川神社】
スサノオ神を祀る神社。総本社は埼玉県さいたま市にあり、武蔵国（東京都・埼玉県）一円にたいへん多く見られる神社です。

【八坂神社】
やはりスサノオ神を祭神とするが、江戸時代には仏教の牛頭天王として祀っていました。本社は京都にあり、祇園さんの愛称で親しまれています。

【諏訪神社】
主神は建御名方神。長野県の諏訪大社の勧請を受けた神社で、後北条氏の旧領に多く見られます。

【金山神社】
金山彦神を祀る神社。金山とは鉱山などのことで、鉱業や金属加工業などの神様とされています。

たたかいの終焉

鎌倉幕府の滅亡後も関東の政情はなかなか安定せず、戦国時代を経たのち、いちおうの平和を取り戻すには、豊臣秀吉による後北条氏の制圧を待たねばなりませんでした。

そして徳川家による江戸幕府の成立で、東村山一帯は「江戸近郊」という今に至る資質を育んでゆくことになるのです。

御嶽神社のお札（久米川町）

庚申塔と馬頭観音

東村山の道筋にはたくさんの庚申塔や馬頭観音が残っています。

庚申信仰はもともと中国の道教の庚申（かのえ・さる）の日にちなむものですが、日本では猿田彦神とも結び付けられ、旅や交通安全の神様である道祖神的な意味あいも持つようになりました。

馬頭観音は珍しく怒った顔の観音様で、その名前から馬や交通の守り神とされるようになったものです。亡くなった馬の供養の為に建てられることもありました。

これらの路傍の神様たちが守っているのは必ず歴史のある道です。石碑の横に刻まれた年号を見て、むかしの東村山の様子を思い浮かべるのも楽しいものです。

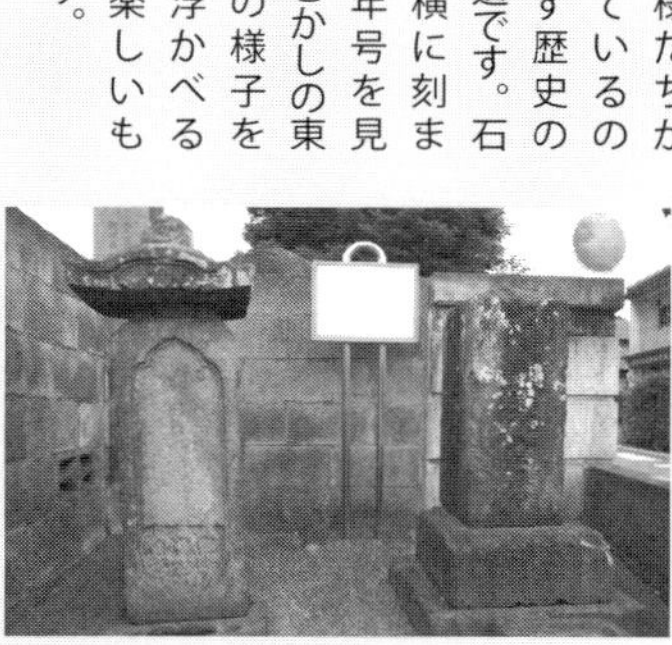

わたしたちの街へ お鷹場と鉄道開通

畑作と鷹場

江戸期に入り泰平の世となり、武蔵野台地は畑作地帯として開発されてゆきました。江戸初期の史料には久米川・南秋津・廻り田・大岱《おんた》・野口の五つの村の名前が見え、現在の東村山の姿ができつつあることを示しています。

また一六三三年には多摩・入間郡の一部が尾張徳川家の鷹狩り用地、お鷹場に指定されました。「鷹の道」などの道の名称はそのなごりなのです。

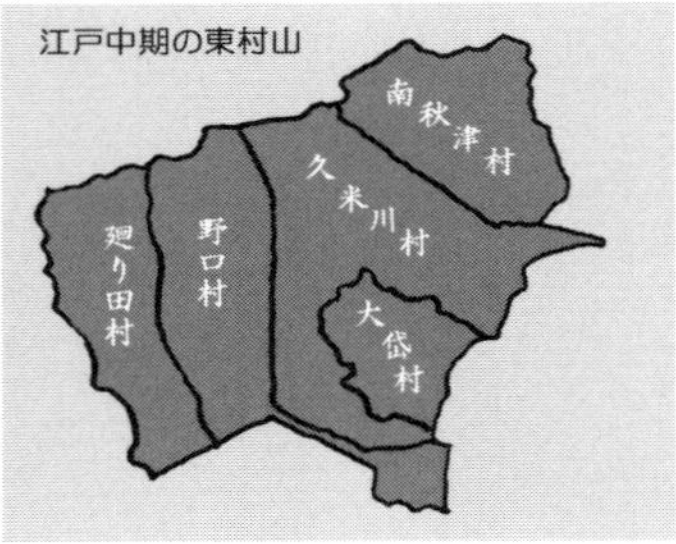
南秋津村
久米川村
廻り田村
野口村
大岱村
江戸中期の東村山

東村山の農作物

江戸中期以降は粟・稗などの雑穀が主でしたが、のちにサツマイモや桑、茶の生産が始まると、良質の狭山茶に加えて養蚕農家が増えたこともあり、明治期には「茶と繭の村」として広く知られるようになりました。

機織機（東村山ふるさと歴史館）

そして近代へ

江戸も中期を過ぎると、農業の発展にともなって裕福な豪農や地主が現われました。かれらは村に新しい産業や文化・教育をもたらし、それらはやがて開国から維新にいたる流れの原動力になっていったのです。

そして明治維新後の一八八九年（明治二十二年）、野口・久米川・廻り田・大岱《おんた》・南秋津の五か村は合併し、ここに東村山村が誕生しました。当時は神奈川県の一部でしたが、四年後に東京府に編入され現在に至っています。

五か村のうち大岱村だけは最初埼玉県に編入されていました。これは江戸時代なぜか多摩でなく入間郡に属していたためで、周り同様に神奈川県になったのは明治13年のことでした。

なぜかさいたま
あったね
そういう歌

鉄道、貯水池建設

川越と国分寺を結ぶ川越鉄道が開通し、現在の東村山駅が造られたのは一八九五年（明治二八年）のことでした。

これにより、すでに開業していた甲武鉄道（現在のＪＲ中央線）を経由して東京中心に出る新しい足が確保され、その後の多摩地区は大きく変わってゆくのです。

一九一六年（大正五年）には村山貯水池（多摩湖）の建設が始められました。駅周辺には工事に携わる人々の為に旅館や劇場などが造られ、町の発展をうながしました。

東村山停車場の碑
画像提供：東村山ふるさと歴史館

開業当初の川越鉄道時刻表
（復元イメージ）

明治二十七年十二月

上り列車			下り列車		
午後	午前	駅名	午後	午前	駅名
一、一三 四、〇七 六、四四	五、一七 七、三二 一〇、二六	久米川発	一二、二二 三、〇四 六、〇二	四時四八分 六、三一 九、三一	国分寺発
一、一九 四、一三 六、五〇	五、二三 七、三八 一〇、三二	小川発	一二、三三 三、一五 六、一三	四時五九分 六、四二 九、四二	小川発
一、二九 四、二三 七、〇〇	五、三三 七、四八 一〇、四二	国分寺着	一二、三八 三、二〇 六、一八	五時〇四分 六、四七 九、四七	久米川着

昭和3年多摩湖畔に建てられた村山ホテル。のち廃業したが戦後『多摩湖ホテル』に改装。昭和27年『西武園食堂』となりました。

東村山市の誕生

一九四二年、東村山村は東村山町となり、やがて終戦を迎えます。

戦後の復興から高度経済成長の中、東村山はベッドタウンとして急速な発展を遂げ、わずか十年間で人口は三倍に。やがて一九六四年の「東村山市」の誕生に至ります。

そしてこの章の冒頭（六十三頁）に掲げたのが、市制四十五周年を迎える今日の東村山の姿です。

これから十年後、百年後、どのように変わってゆくのでしょうか。

この本を手に散策しながら、未来を想像してみるのも、町の楽しみ方の一つです。

画像提供：東村山ふるさと歴史館

画像提供：東村山ふるさと歴史館

屋根の反り返りが見る角度によって
優美に流れたり、力強く跳ね上がったり。

Information

【住所】
東村山市野口町４－６－１　Map p9

地蔵堂外観はいつでも無料で見ることができ、また地蔵堂内部については、年に３回（8月8日・9月24日・11月3日）、無料公開をしています。

正福寺地蔵堂《しょうふくじじぞうどう》

先にも記しました通り、正福寺地蔵堂は都内唯一の国宝建造物であり、また地蔵堂となると、日本全国でも国宝に指定されているのはここだけしかない、非常に貴重な建造物なのです。

鎌倉の円覚寺舎利殿と同様、禅宗様建築を代表する建造物で、波形欄間・花頭窓などが特徴的です。特に、眺める角度によって違った表情を見せてくれる、四隅の反り返った屋根の美しさは必見です。

これだけの国宝建造物でありながら、実は周囲に観光客目当ての施設や看板などはほとんどなく、山田五郎氏をして「日本一さりげない国宝」と言わしめた正福寺地蔵堂。今もなお地域の人々に大切にされ、その生活の中に生き続けているからこそ、いつも「さりげなく」この地を見守ってくれているのです。

東村山ふるさと歴史館

〔常設展示室〕

古代の東山道、中世の鎌倉街道など、東村山には古くから、歴史上で非常に重要な役割りを果たした「みち」が存在していました。そこでこの常設展示室では「みち」をテーマとして、原始から現代までの東村山の歴史を判りやすく展示しています。

〔図書・AVコーナー〕

ここには貴重な歴史資料や雑誌が置かれ、いつでも自由に閲覧することが可能です。また、歴史館が所蔵する資料や史跡・文化財などを検索できるコンピュータ端末などもあり、誰でも自由に利用できます。

〔特別展示室〕

年に数回、市内の史跡・文化・民俗などにスポットを当てた「企画展」「特別展」を行なっています。

「視聴覚室」「研修室」
「体験学習室」などの設備や、
様々なイベントも充実しています。

「企画展」「特別展」は
非常に興味深い内容が
多いので、
要チェック！

Information

【開館時間】
9時30分～17時（入館は16時30分まで）
【休館日】
・毎週月曜・火曜日（祝祭日の場合は翌平日）
・年末年始（12月27日～1月5日）
・館内整理の為、臨時休館とする場合があります
【住所】 東村山市諏訪町1－6－3
【電話番号】 042-396-3800 Map p19

空堀川に清流をとりもどす会

私里中がこの会の存在を知ったのは二〇〇一年頃、たまたま立ち寄った書店で見つけた、「よみがえれ生きものたち〜空堀川の水生生物」という一冊の本からでした。著者の小林寛治さんが代表を務めている会だということを知り、以来、私にとって常に気になる存在となっていたのです。

私が子どもの頃は、ヘドロ臭も酷く、沿道を歩くことすら避けていたような川でした。それが少しずつキレイになり、今では川沿い散策は勿論、釣りを楽しむ人々の姿も見られる、「生きている」川になったのです。

そこで今回、「是非とも小林さんにお話を伺いたい」と思い立ち、無理を言ってご自宅まで押しかけ二時間以上も居座って、色々とお話を聞かせて頂きました。

川祭りや
川の清掃など
イベントも
やっているよ！

水量調査時の１コマ
画像提供：空堀川に清流をとりもどす会

「空堀川に清流をとりもどす会」代表 小林寛治さんインタビュー

―そもそも、小林さんがこの会を作ろうとしたきっかけは？

「東京都の環境基本計画というのがあって、そこで環境保全に関する様々なことを学んで、環境学習リーダーになった。で、私は川釣りが大好きなのに、近所の空堀川は汚い川だった。だから『空堀川をきれいにしよう』って思ったのが最初のきっかけ」

―つまり空堀川で釣りがしたい、と？（笑）

「そうそう。それも鮎が釣れたら最高（笑）」

―でも相当大変だったのでは？

「最初、川はユスリカの幼虫だらけだった。まずはそれを駆除しようと思って調べたら、それまでは薬品を使用していたのだけど、環境保全の視点からは『それはマズい』と」

―ではどのように対処を？

「幼虫を食べてくれる魚を放流しよう！　って（笑）。それから毎年、魚の放流や川のゴミ拾い、イベントを開催したり、色々な活動をするようになった」

―その継続が、今の空堀川を作ってきた？

「そう。川の周辺の生き物……例えばウシガエルなども随分と増えてきた。でもまだ鮎は釣れない（笑）」

「空堀川に清流をとりもどす会」代表 小林寛治さん

―鮎が帰ってくる日も遠くない？

「うーん、実はまだ色々と問題がある。特に問題なのは、久米川橋から野塩橋辺りまでの区間は水が枯れやすいこと。川の途中で水が消えてしまう箇所があると、当然魚は上って来られないし、なかなか厳しい環境になっている」

―すると新たな対策が必要？

「そう。元々勾配がキツい川なのと、流水量が絶対的に少ないので、新たな水源を見つけなければならない。荒川の秋が瀬取水堰から東村山浄水場まで水を送っているが、水需要は減っている。そこでその一部を環境用水として放流して欲しいと、『川づくり清瀬の会』と共に東京都に働きかけているが、水道局の理解が得られず苦慮しているところ」

―鮎を釣るまで諦めない？（笑）

「うん、絶対（笑）。水があれば魚が帰ってくる。魚が帰ってくれば人が楽しめる。私の夢は、空堀川を、もっと沢山の人が楽しめる空間にすること。水遊びの楽しさを、もっともっと多くの人たちに知ってもらいたい。『川から始まる町おこし』というのも大いにアリだと思う」

楽しくお話をしてくれる小林さんでしたが、そのご苦労は、きっと私たちの想像を絶するようなものであったと思われます。「水があれば魚が帰ってくる。魚が帰ってくれば人が集まってくる」と語られている時の小林さんの眼差しが、非常に印象的でした。

多磨全生園「国立ハンセン病資料館」

ハンセン病に対する差別や偏見の解消、及び患者（元患者）の方々の名誉回復を目的として、ハンセン病に関する正しい知識や情報の提供、また後世にその哀しい歴史を伝えるべく、多磨全生園敷地内に建てられた施設です。

　この資料館の素晴らしいところは、歴史を史実に沿ってただ伝えるだけではなく、その時代ごとに患者さんたちが持った「苦しみ」や「痛み」、そしてそれでも生きることを諦めなかった「強い気持ち」などの心情までを判りやすく表現・展示している部分だと思います。

　また、多磨全生園敷地内には、「望郷の丘」「監房跡」などといった、今でも歴史を物語る様々な史跡が残されています。資料館を見た後は、敷地内の史跡巡り散策がオススメです。

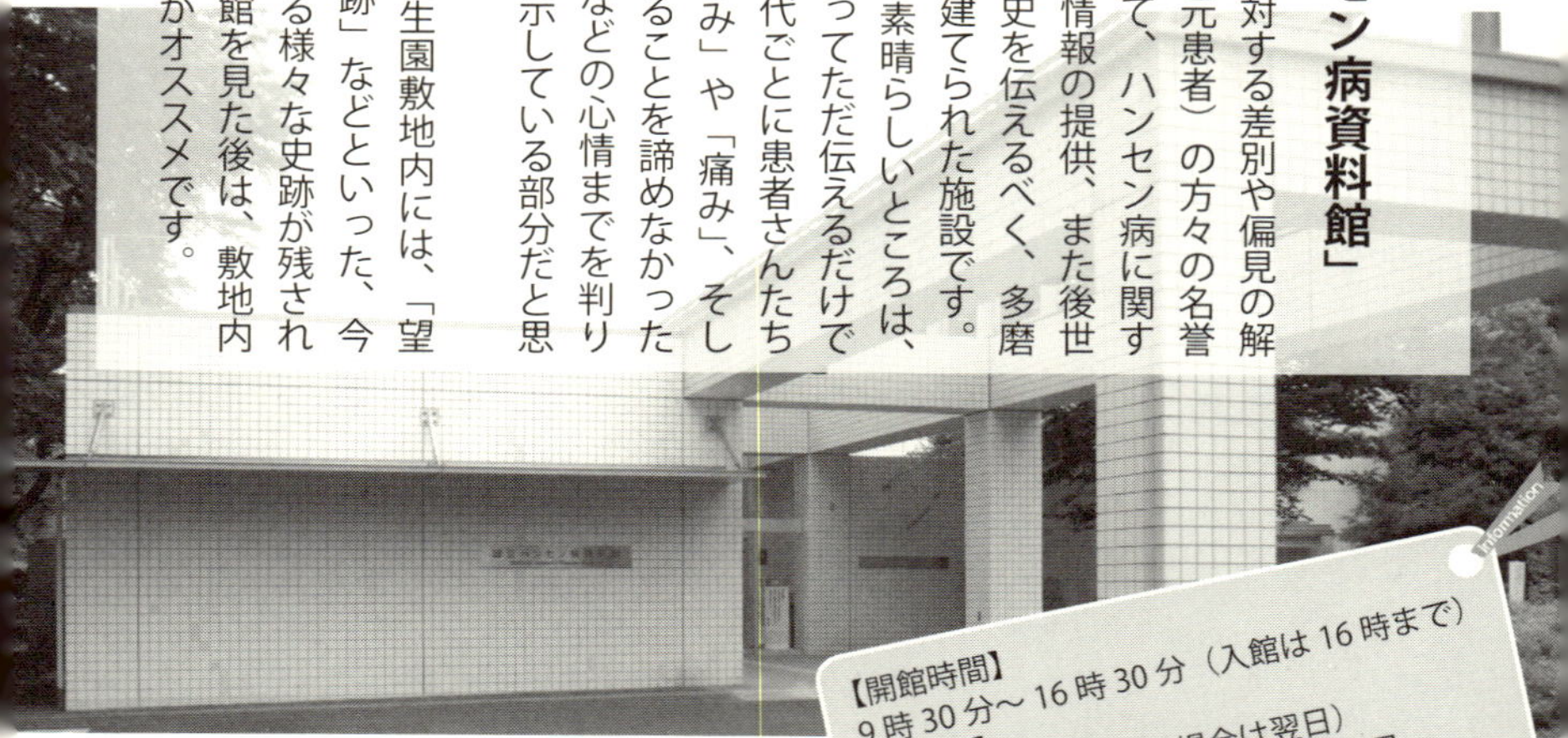

information

【開館時間】
9時30分～16時30分（入館は16時まで）
【休館日】
・毎週月曜日（祝日の場合は翌日）
・年末年始・国民の祝日・館内整理日
【住所】東村山市青葉町4－1－13
Map p47
【電話番号】042-396-2909

ハンセン病とは

らい菌による慢性の感染症で、初期症状として皮疹や知覚麻痺が発症し、重くなると顔や身体に変形を起こしたり、後遺症を残すことがあります。特にその外見上の理由から、かつては忌み嫌われ、患者本人は勿論、その家族までもが差別や偏見の対象とされました。現在では有効な治療薬も開発され、早期発見・早期治療により、後遺症を残さずに治癒することが可能です。

敷地内は
生活している方も
いらっしゃいます。
静かに散策しましょう。

東村山観光キッズ（東村山探検隊）

二〇〇九年春、東村山市商工会の主催によって、「東村山観光キッズ」という団体が立ち上がりました。彼らは、東村山を訪れた観光客に向け、市内の史跡・民俗・文化・自然などのガイドを行なうべくボランティアで参加した、十数名の元気な地元の小中学生たちです。

現在（二〇〇九年夏）は立派な市民ガイドとなる為、定期的に集まって様々な史跡などを巡りながら勉強中の日々ですが、二〇一一年頃には、本格的なガイドとしての活動もスタートするとのことで、非常に楽しみな存在です。

元気一杯な地元の子どもたちにガイドをしてもらいながら、東村山の観光スポットを散策するというのも、また一つ違った楽しみ方になって面白いと思います。オススメです！

東村山のことなら
僕らにお任せ！

東村山ふるさと歴史館で縄文時代について学ぶ東村山観光キッズの子どもたち（左は引率の大井芳文先生）

「てんしゃばフェスタ」にも参加予定！

「東村山観光キッズ」の有志数名は、二〇〇九年九月に東村山駅西口広場にて行なわれる、子どもたちが主役のイベント「てんしゃばフェスタ」において、「てんしゃば西口探検隊」の一員としても参加してくれる予定です。

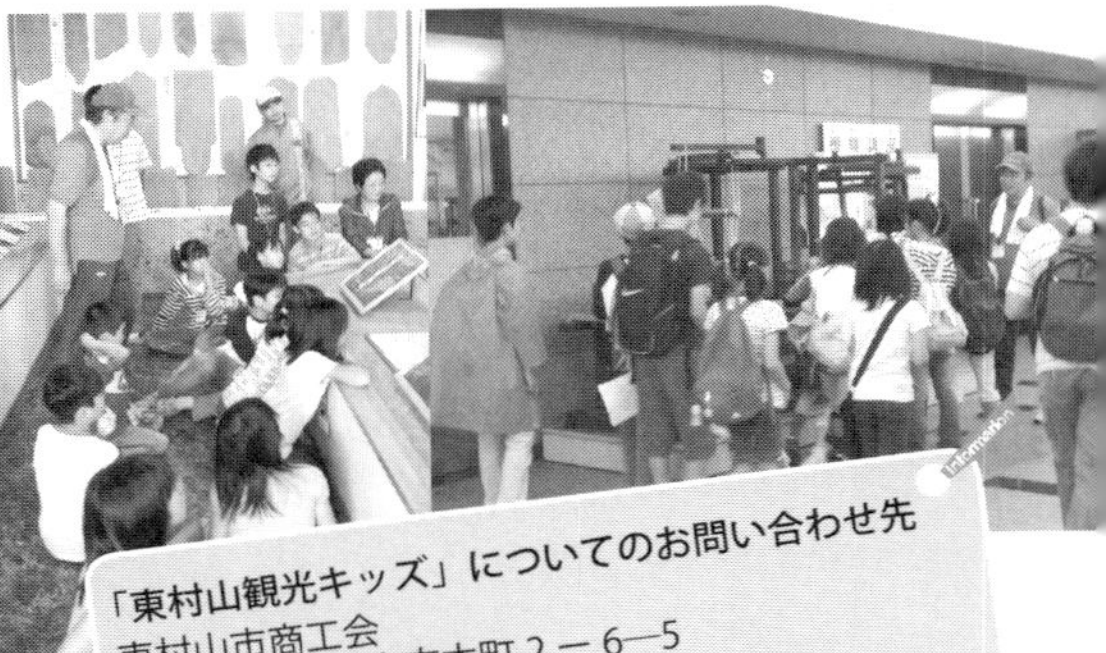

「東村山観光キッズ」についてのお問い合わせ先
東村山市商工会
【住所】東村山市本町２－６－５
【電話番号】042-394-0511

まちの横顔散策隊

イチオシ!

逸品の味わえるお店

楽しい町歩きに
美味しいひとときは欠かせない

★③「こせがわ」
久米川辻
「ますや」④★
ふるさと歴史館
諏訪神社
府中街道
化成小学校
★⑦「きくや諏訪町店」
★①「とき」
久米川小学校
★⑨「ますも庵」
東村山駅
鷹の道

町散策に欠かせないのは、やっぱりその地域の「美味しいもの」たち。私たちまちの横顔散策隊のメンバーも例外ではありません。

そこでここでは、私たちがこの本の作成の為、東村山の様々な地域を歩き回った際に立ち寄った沢山の「美味しい」お店の中から、特に私たちを唸らせた「逸品の味わえるお店」を厳選してご紹介していきます。

勿論、「美味しさ」の評価は人それぞれ違いますし、読んで下さる方全員に共感して頂けるかどうかは判りませんが、少なくとも私たち三名が実際に飲食し、それぞれの中で「美味しさ」を発見することのできたお店ばかりですので、それなりに期待して頂いても大丈夫なのではないかと思っています。

是非とも「美味しい東村山」といった横顔もご堪能下さい。

東村山名物「武蔵野うどん」

「東村山名物の一つは『うどん』だ」と言うと、驚かれる人も多いようです。古くからこの地域では小麦の栽培が盛んで、何か集まりなどがあると、地粉を使用した手打ちうどんを振舞うことが日常だったようです。

独特なコシのあるうどんを、熱い肉入りのつけ汁につけて食べる「肉汁うどん」が東村山スタンダードです。

①手打ちうどん「とき」
東村山市野口町1－7－10
☎ 042-394-9800
営業時間：11:30 ～ 15:30
17:30 ～ 20:00
（売切れ時終了）
休業日：日曜・祝日
※次のページでも紹介しています。

②手打ちうどん「小島屋」
東村山市野口町3－10－3
☎ 042-391-2638
営業時間：10:00 ～ 14:00
（売切れ時終了）
休業日：日曜・祝日

③手打ちうどん「こせがわ」
東村山市諏訪町1－23－5
☎ 042-391-3440
営業時間：客席　11:00 ～ 14:00
持帰り 9:00 ～ 16:00
休業日：日曜・毎月最終月曜

④手打ちうどん「ますや」
東村山市久米川町4－33－10
☎ 042-393-9481
営業時間：11:00 ～ 18:00
（売切れ時終了）
休業日：月曜

⑤「石庭こまち」
東村山市廻田町2－7－3
☎ 042-398-3399
営業時間：11:30 ～ 14:00
休業日：火曜・毎月第二日曜
※次のページでも紹介しています。

⑥「野口製麺所」
東村山市野口町4－46－1
☎ 042-392-0856
営業時間：[月～金]11:00 ～ 15:30
[土日祝]11:00 ～ 15:30
18:00 ～ 21:00
休業日：不定休

⑦「きくや諏訪町店」
東村山市諏訪町1－1－3
☎ 042-396-1150
営業時間：11:00 ～
（売切れ次第終了）
休業日：日曜日

⑧手打ちそばうどん「㐂作」
東村山市野口町2－29－15
☎ 042-396-1877
営業時間：11:00 ～ 14:30
17:00 ～ 20:00
休業日：月曜・火曜
（祝日の場合は営業）

⑨手打ちそばうどん「ますも庵」
東村山市本町2－16－30
☎ 042-394-1733
営業時間：10:30 ～ 21:00
（20 時ラストオーダー）
休業日：火曜

手打ちうどん「とき」

「うどんは東村山の名物」と話した際、同行している日高画伯や宮里女史には「えー?」とかなり疑いの眼差しを向けられました。日高画伯に至っては「冷たいうどんって好きじゃないんだよなぁ」とまで言い出す始末。「でも取材だから」となだめながら最初に入ったお店がこのお店。

運ばれてきた「肉汁うどん」を一口頬張った二人、「とき」特有のコシの強い手打ちうどんと、濃厚なのにしつこくない肉汁の旨みに「なんだこの美味しさは!」などと驚きながら、結局あっと言う間に完食してしまいました。その後、この二人が東村山のうどん屋さん取材に積極的になったのは言うまでもありません。

噛み締めるごとにその中に詰まった旨みが口の中に広がるうどんは勿論、その盛りの多さも地元で大人気の理由の一つです。

お店の人も、
とっても良い感じの
人たちばかりです。

自家製デザートも
上品な甘さで
さっぱりしています。

温室にはバナナや
パッションフルーツがいっぱい！

石庭こまち（武蔵野うどん）

まず、古民家風の内装にこだわった店内が非常に素敵な雰囲気で、ついつい長居をしてしまいそうになります。中庭もあって、天気の良い日にそこでうどんを頂けば、美味しさも一層アップでしょう。

更に驚くのは、その中庭の先に温室があり、その中ではバナナ・パイナップル・ドラゴンフルーツなどの南国フルーツが栽培されていることです。そこで収穫された果物を贅沢に使用したデザート、これがまた絶品です。

勿論、メインのうどんや肉汁の味も文句なし。オーナーの小町さんは、このお店を開く前は元々趣味で手打ちうどんを作っており、当時の職場で同僚の人たちに配ったところ、そのあまりの美味しさに話題騒然となったという逸話もお持ちです（この話は当時、私も人づてに聞いたことがあります）。

豊島屋酒造

一五九六年（慶長元年）、江戸の神田橋付近で、初代豊島屋十右衛門が酒屋兼飲み屋を始め、すぐさま大変栄えました。そこで十右衛門は、江戸での草分けとなる「白酒」の醸造を始めたと言われており、それが現在の豊島屋酒造の礎となっています。昭和初期、東村山に醸造元として豊島屋酒造を設け、それが現在に至ります。

Information

【営業時間】8時～17時
【定休日】土・日・祝（12月は土曜日も営業）
【住所】東村山市久米川町3－14－10　Map p19
【電話番号】042-391-0601

絞り立ての新酒は格別のおいしさ！
こんな近くにおいしいお酒があるなんて贅沢です～。
遠くの名産もいいけど、地元の造りたてをぜひ一度お試し下さい。

こちらの酒造では、富士山からの伏流水を敷地内の井戸から汲み上げて仕込み水として使用しています。白酒・清酒（金婚正宗）・味醂（天上）等を醸造しており、「金婚正宗」は明治神宮の御神酒として納められています。

また「地元に名物を」との思いから、東村山市内の小売酒販組合と協力し、自分たちで田植えから始めて造った「地酒東村山」も、オススメの地酒です

酒造りに適した国産米を厳選し、一つ一つ丁寧に醸して造られた豊島屋のお酒は、全国新酒鑑評会でも幾多の金賞を受賞しています。

こちらでは直接購入も可能な上、年に二度、利き酒などができるイベントも開催されていますので、特にお酒好きの方には、是非とも一度は足を運んでみて頂きたいと思います。

新東京百景
北山公園
菖蒲苑
HIGASIMURAYAMA
SEKITASAKETEN

長期貯蔵
停車場
東村山
1895年開通

【営業時間】9時30分～22時
【定休日】木曜日
【住所】東村山市野口町1－3－5　Map p19
【電話番号】042-391-0006

私、初めて停車場焼酎を頂いた際、
あまりの旨さにうっかり呑み過ぎてしまい、
記憶をなくしました（涙）。

関田酒店

東村山駅から所沢方面にちょっと歩くとすぐに見えてくる、通称「大踏切」目の前にある酒屋さん。

なんといってもオススメは、他では入手することのできない、関田酒店オリジナル「停車場」シリーズのお酒。かつて東村山駅が「東村山停車場」と呼ばれていたことにちなんで名付けられた停車場シリーズには、ワイン・日本酒・焼酎それぞれの種類があり、ラインナップも充実しています。店主の関田さんが「何度も酒造へ足を運び、納得できるまでその味を追及した」と言うだけあって、どれも口当たりの良い美味しさで、地元でも大人気です。

更にこの停車場シリーズ、なんとラベルは全て店主関田さんの手づくり！

昔懐かしさを感じさせる、昭和四十年代の東村山駅を表現した版画など、舌だけではなく目も楽しませてくれるシリーズです。

野際だんご

Information

【営業時間】
9時～19時30分
（木曜・日祭日は9時～18時30分）
【定休日】年中無休（元日のみ休み）
【住所】東村山市久米川町3－29－38
（餅萬総本店）
【電話番号】042-391-0003　Map p39

てんてん手まり

だっふんだァーどら焼き
だいじょぶだァーどら焼き

だいじょぶだァー饅頭

和菓子処「餅萬」

どうしても話題が先行しがちですが、実際に店内を見て頂けると判る、「粋」な和菓子屋さんです。

豊島屋酒造の地酒「東村山」を使って作られた「酒まんじゅう」や、発売以来人気の衰えない「てんてん手まり」シリーズ、餅・こし餡・醤油のハーモニーが絶妙な「野際だんご」など、逸品和菓子で溢れています。勿論、「だいじょぶだァー饅頭」なども、話題性以上の美味しさです。

私は
「だいじょぶだァーどら焼き」
黒糖風味の食感が
大好きです。

Information

営業時間】11時～
【定休日】水曜日
【住所】東村山市栄町3-14-7
【電話番号】042-393-9722
Map p39

おしゃれな看板が目印

私も開店以来の
大ファンです。チョコ好きなので
「焼チョコレート」がイチオシ！

欧風菓子「アンシャンテ」

特に大きなお店という訳でもなく、また大々的に宣伝をしている訳でもないのに、その美味しさから、開店まもなく地元の人たちの間で大人気となったケーキ屋さんです。

その中でも特に、定番だけど一味違う「ベイクドチーズ」やブルーベリーとの相性抜群「レアチーズ」、濃厚焼きチーズの「ミロワール」など、チーズケーキが一番人気です。

竹田商店

国産 トマトのソース スパイシー 手作り
国産 トマトのソース 手作り
国産 トマトのケチャップ 手作り

創業百二十年、ソースを中心とした家庭用調味料の製造・販売を手掛けて八十年の老舗です。

地元契約農家で採れた「朝どれ野菜の新鮮ソース」や、たっぷりの野菜や果実が使われた「辻オリジナルソース」シリーズなど、他にはない美味しさの詰まったオリジナルソース屋さん、量り売りも人気です。

「葉山コロッケ」で有名な葉山旭屋牛肉店さんでも、ここの「かつソース」を使用しています。

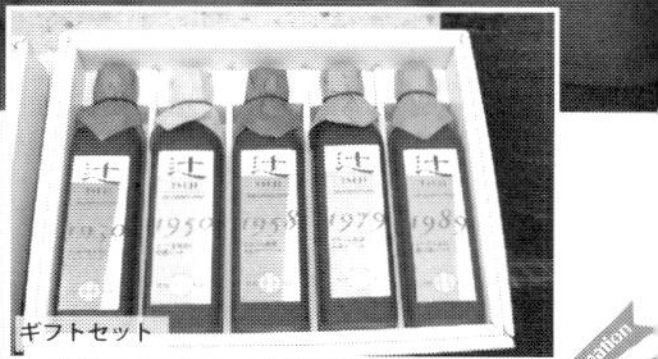
ギフトセット

まるで一品料理
のような試食セット。
ソースの試食はもちろん、
オリジナルのタレを使った
お料理のアイデアも
教えてくれます。

Information

【営業時間】10時～18時
【定休日】
日曜・祝祭日・お盆・年末年始
【住所】東村山市恩多町3－28－5
【電話番号】042-313-2361　Map p47

じゅじゅ焼き

黒焼きそば

西口
東口
東村山駅
東村山市立
中央公民館
府中街道
鷹の道
「こたか」
東村山
郵便局
東村山税務署

中国料理「こたか」

なんと百種類もの豊富なメニューがあるので、頻繁に通ってもなかなか全メニュー制覇ができないお店です。しかもそれぞれのメニューが、それぞれちゃんと美味しいものだから、ついつい一度食べたことのあるものをまた注文してしまい、更に制覇への道は険しくなるのです。

ラム肉を使用した「じゅじゅ焼き」、しっかりとした味わい深さの「焼きギョーザ」、新定番メニューの「黒焼きそば」などがオススメです。

Information

【営業時間】
11時30分～20時（宴会時は応相談）
【定休日】日曜日
【住所】東村山市本町1－20－20
【電話番号】042-395-2888

オーナーの小山仙蔵さんは、
すぐに宴会を始めようとする
陽気なおじさんです。

子どもたちが主役のイベント！

てんしゃばフェスタ2009

みんなで笑おうよ！ずっと大好き東村山！

（公募によって選ばれたキャッチコピーです）

9・27開催

〔てんしゃばフェスタとは〕

東村山駅西口広場の完成を記念し、二〇〇九年九月二十七日に西口広場にて第一回目開催が予定されているイベントです。

「東村山の未来を担う、子どもたちが主役となるイベント」というコンセプトの下、子どもたちによる演目を中心に展開しています。

また地元の人たちの強い希望もあり、二〇一〇年以降も、毎年継続して開催する予定となっています（第二回目以降の日程については二〇〇九年八月現在未定です）。

完成イメージ図　画像提供：東村山駅西口地区市街地再開発組合

〔てんしゃばフェスタにかける地元の人たちの思い〕

そもそも西口広場の整備は、地元の人たちにとって数十年来の課題であり、また強い夢でもありました。

これまで東村山駅西口周辺の道路は、交通量が多い割に、駅前でも道幅の狭い道路が多く、また大通りへのアクセスも悪いような環境でした。それこそ、人と車がすれ違うだけでも、お互いに避け合わなければ危ないような状態だったのです。

そんな道路環境なので、せっかく市内随一の貴重な史跡や観光スポットを有する東村山駅西口地域でありながら、なかなか市内外からの観光客を積極的に招くこともできず、また駅前周辺における集客もままならないような状況でした。

ある時、今回の「てんしゃばフェスタ」実行委員の方たちと会食をご一緒する機会があったのですが、その際に彼らは、「僕らはもう、自分たちの利益だとかそういうことはどうでもいい。それよりも、今の西口地域の子どもたちにとって安全に生活できる周辺環境づくりと、市内外を含め、沢山の人たちに東村山の素晴らしさを知ってもらうこと、それが僕らの夢。二十年先、三十年先までを見据えた、本当に暮らしやすい、心の豊かな人間を育てられる環境づくりを考えたいのだ」といったことを熱く語ってくれました。

彼らのそんな言葉を聞きながら胸が熱くなると同時に、「この人たちは本当に、純粋に東村山を愛している人たちなのだなぁ」と思ったことを覚えています。

「だから『てんしゃばフェスタ』では、そんな僕らの気持ちを、未来の東村山を背負ってくれる子どもたちに委ねながら、毎年継続して展開することで、地域にしっかりと根付かせていってもらいたいのだ」

「てんしゃばフェスタ」はそんな地元の人たちの、強く、温かなメッセージが込められたイベントなのです。

〔「てんしゃば」の由来〕

その昔、東村山駅は「東村山停車場」と言われており、それを地元の人たちが親しみも込めた地元訛りで「てんしゃば」と呼んでいたことから、今回イベントタイトルとして採用されることになりました。

てんしゃばフェスタ二〇〇九年の主な演目

【子どもｍｏｔｔａｉｎａｉみこし】

イベントの目玉とも言える、子ども主役の演目です。

ケニア人女性ワンガリ・マータイさん（環境保護活動家／ノーベル平和賞受賞）の提唱する「もったいない運動」をヒントに、ペットボトルや段ボールなどの廃材を利用し、子どもたち手作りの「おみこし」を製作。イベント当日に展示お披露目を行ない、また大人たちの神輿に交ざって西口広場内などの練り歩きも行ないます。第一回目の二〇〇九年は、十一基の「子どもｍｏｔｔａｉｎａｉみこし」が西口広場を彩る予定です。

Mottainai みこし製作風景

取材協力
eco・deco 工房
回田土曜子ども講座

【てんしゃば西口探検隊】

「もっと東村山の魅力を知ってもらおう」を合言葉として、市内の小中学生が集まり、東村山市内の「観光スポット」や「自然」などについて紹介を行なうブース展開です。

「てんしゃば西口探検隊」オススメの散策コース案内や、子どもたち自筆のイラスト・絵画による観光スポット解説など盛り沢山。イベントにご来場の際は是非とも寄ってみて下さい。

東村山観光キッズたちも協力しています！

【東村山三社神輿】

「子どもたちのイベント成功の為に、自分たちも盛り上げてあげたい」との思いから、当日は大人たちも多数参加してくれます。

その中でも、「野口・八坂神社囃子連の会」「廻田囃子連」「西宿囃子保存会」「七祭會」「東粋會」の協力を得て、「金山神社」「諏訪神社」「八坂神社」三社合同による、神輿・山車・大太鼓の競演練り歩きは迫力満点で必見です。

八坂神社例大祭より（2009年7月）

【東村山ふるさと歴史館ブース】

「てんしゃば西口探検隊」ブースのすぐ隣りでは、東村山ふるさと歴史館もブース展開を行ないます。

主に「歴史」に焦点を当てながら、東村山市の成り立った経緯などについて展示していく予定です。

【子ども音楽隊】

回田小学校生徒による「和太鼓」や化成小学校の「鼓笛隊」、東村山第四中学校「吹奏楽」など、イベント当日の西口広場会場内を、華やかな生演奏で飾ります。

その他、東村山の物産品を扱うブース展開など、見所の多い楽しいイベントになることでしょう。

【イベント詳細】

〈開催日〉
二〇〇九年九月二十七日（日）
〈開催時間（変更の場合があります）〉
九時半〜十六時半
〈開催場所〉
東村山駅西口広場
主催：てんしゃばフェスタ実行委員会

てんしゃばフェスタ関係者一覧

【実行委員会】

会長：細渕一男／**顧問・相談役**：倉林辰雄，小山惣吉／**副会長**：小町征弘，澤田泉，嶋田憲三，清水雅美，中村政夫，土方義一，室岡孝洋，山下三郎／**委員長**：小山仙蔵／**副委員長**：秋山克巳，市川暢男，折笠広樹，関田茂四，増田康人，山田國夫／**会計**：當間義夫，野澤正稔／**監査**：増田力，山中清一，渡邉静夫／**幹事**：細渕義基，田口明昌，増田敏喜，山田修，池谷清，伊東裕一，井上邦治，遠藤哲，大野四郎，大野敏明，川合みどり，川浦兼一，木村雅亮，肥沼義則，小嶋博司，小町洋司，小山誠司，小山正宗，紺野琢生，齋藤清次郎，櫻井雅，嶋田保雄，清水好勇，杉田武，鈴木善一，高橋建一，田口義徳，田中春雄，當間眞，中村一彦，浜野進，日笠山正治，細渕一夫，細渕太郎，堀廣和，松本國秋，間野敏昭，矢島健助／**委員**：浅野良明，遠藤文夫，柿沼一彦，片岡敏男，片柳操，金子祐二，川島正仁，北久保英雄，小島一夫，小島貞兼，小嶋久宣，小山恒夫，桜井康雄，島田宗一，島田紘実，清水春夫，竹内正晴，武内芳男，中村羨男，西英治，師岡雅彦，米山進

【後援団体】

東村山市，東村山市教育委員会，東村山駅西口地区市街地再開発組合，東村山市商工会，JA東京みらい東村山支店，東村山青年会議所，東村山交通安全協会，東村山駅周辺まちづくり研究会，NPO法人東村山活き生きまちづくり，三菱地所㈱，西武鉄道㈱，東亜建設工業㈱

【こどもmottainaiみこし参加団体】

化成小学校，北山小学校，回田小学校，久米川東小学校，東村山第四中学校，東村山第七中学校，ジュニアメッツ，化成小サッカークラブ，エコーズ，北山小サッカークラブ，回田フェニックス，eco・deco工房回田土曜子ども講座，久米川東小学校土曜講座あつまれくめひがっ子

【大太鼓・神輿・山車協力者】

八坂神社崇敬会，猿田彦神社崇敬会，金山神社，氷川神社崇敬会，諏訪神社氏子会，野口・八坂神社囃子連の会，廻田囃子連，西宿囃子保存会，七祭會，東粋會

てんしゃばフェスタ協賛者一覧

【協賛商店会】

東村山駅西口共栄会，野口町親和会，廻田商工親交会，多摩湖町商和会，諏訪町商工振興会，東村山駅東口商店会

【協賛者（団体等）】

団体等

NPO法人アーバンデザイン東村山会議，諏訪神社，大善院，多磨全生園入所者自治会，停車場倶楽部，東京東村山中央ライオンズクラブ，東京東村山ロータリークラブ，徳蔵寺，野口雅楽振興会，東村山郷土研究会有志，東村山市管工事組合，東村山市環境整備事業協同組合，東村山市役所管理職会，東村山市消防団第3分団，東村山市緑を守る市民協議会，東村山市「歴史とロマン」市民の会，八坂神社

企業・商店等

野口町：あいおい損保代理店㈲オフィスファースト，㈲あおば，浅川一郎・エスプリ，朝日新聞東村山，㈲アドック美装，いずみや，市川石油㈱，㈲一翠，井上歯科医院，御菓子司清水屋，小沢商店，割烹あづま，川合洋品店，川島酒店，木下精米店，けやきクリニック，香月，㈱興建社多摩支店，㈱光陽ハウジング，興和㈱東京創薬研究所，㈱小島電業社，コープとうきょう，サイクルショップササジマ，佐藤不動産㈱，三幸交通㈱，㈲島田商店，（社）東村山市社会福祉協議会，関田酒店，多摩信用金庫東村山支店，㈲多摩ライスセンター，中華の正来，ディサービスセンターオアシスなごやか東村山，手打うどん小島屋，東京新聞東村山，㈲東光電設，ときのや，鳥すみ，中田歯科，日機装㈱東村山製作所，㈱ニュー・ノザワ・フーズ，野口ドライショップ，㈱野澤本社，はな美容室，飯能信用金庫東村山支店，ビューティーサロンかおり，美容室ライズ，フォトショップキムラ，福寿司，福ちゃん，フラワー理容室，フレッシュファーストタナカ，㈲ホルスカンパニー，㈱増田コーポレーション，マルハン建築設計室，山口歯科医院，コーポ山田國夫，やま屋，理容カネコ，良建築設計事務所，理容室とっぽ

廻田町：㈲大野ポンプ工業所，㈱かいば，木村商店，東栄電設㈱，㈲花澤工務店

多摩湖町：岩崎屋豆富店，大野屋，折笠歯科医院，河野屋肉店多摩湖店，㈲清水建築，清水屋酒店，㈲田口自動車，松本屋菓子店

諏訪町：あずきや，㈲アベインテリア，新井屋豆腐店，池田酒店，伊勢屋，㈲いとう屋，㈲岩崎吹付工業所，㈲インテリアVAN，魚博商店，手打ちうどんこせがわ，遠藤工務店，遠藤ブロック工業，大森酒店，家電品電気の東村山電気，㈲北久保製作所，小林クリーニング店，清水商店，寝具のおおぜき，新山手病院，㈲菅原商店，㈲スワ清水，諏訪通信工業㈱，㈲セイエイ建設，清心幼稚園，タイセーフーズ，たけうち食堂，中国料理柳屋，鳥海，中村屋，飲み処幸，（福）白十字会東京白十字病院，白洗舎クリーニング店，㈲東村山電気，飛田塗装，㈱ヴァンベル工房，文大陣，ヘアーサロン富士，保生の森，ホームベーカリーマドンナ，山中靴店，洋理容室

次頁に続く

本町：相羽建設㈱，足立屋，飯田会計事務所，青梅信用金庫東村山支店，河野工務店，㈱こたか，コスモコンパニオン坂元千賀子，㈲杉田畳店，㈱中賀堂，㈲當間洋服店，㈱長坂式典センター，㈲にんや杉田商店，㈱野澤住宅販売，㈱野澤綜合本社，土方歯科医院，土方つり具店，㈲ホクエイ防災電設，細渕建材㈲，㈲増田電機商会，町田タイヤ商会，間野建材㈲，㈱ムラコシ楽器店

久米川町：㈱浅田飴村山工場，㈱及川土木，㈱クリーンメディカル，㈱佐々木測量，㈱三栄サービス，ジェイ建設㈱，東村山市シルバー人材センター，寝具のやまだ，㈱設計本舗，東京交通㈱，當間石材㈲，㈱東和計測，㈲東村山給食センター，㈲餅萬，山崎製パン㈱埼玉第二東村山工場

秋津町：㈱中村工務店，光建設㈱，㈲ヤナセ

青葉町：㈱サン・フォーム，パイオニア保険サービス㈲

恩多町：㈱三光商会，三和測量設計㈱

栄町：西武信用金庫東村山支店

美住町：㈲細渕米穀店

市外：㈱エコワス，㈱環境管理センター，郡リース㈱，㈱新都市開発機構，スカイコーポレーション㈱，西武バス㈱，セントラルコンサルタント㈱，日本アンテナ㈱，㈱まちづくり研究所，㈱三菱地所設計，ヤマト交通㈱

【協賛者（個人）】

相沢通裕，青木智憲，青柳宗親，赤尾杉邦夫，赤野一久，秋本正喜，秋山清次，浅野敏男，浅野護，浅見勇，浅見勘一，浅見久，浅見光男，尼寺正幸，天野泰行，新井養子，安藤尚武，飯田幸雄，池田政雄，池谷章，池谷憲一，池谷タキ子，池谷忠司，池谷俊勝，池谷俊幸，池谷治一，池谷夫治好，池谷政則，池谷通則，石井哲，石月了，石田シゲ子，泉マヤ，井滝一男，市川信，市川寛司，市川隆三，市村安良，伊藤隆夫，伊藤則男，乾文毅，井上裕二，岩崎久男，岩崎幸弘，植木吉男，上野茂，牛島健太郎，薄葉忠治，内田弘治，内田春夫，内田正夫，内海茂，海瀬哲生，江口登，惠面晋文，江藤健次，江藤禎昭，榎本勝彦，榎本兵蔵，榎本良太郎，遠藤繁，遠藤能子，大池宏徳，大木隆，大久保正昌，大久保正利，大久保学，大久保操雄，大久保吉朗，大熊鎮成，大熊芳江，大澤角治，大沢一二，大沢正三，大谷恵子，大野朝子，大野功，大野喜好，大野恵一，大野清吉，大野千代子，大原康，岡田実好，岡部清一，岡宮宗孝，小川育雄，小川和雄，小川泰三，小川嘉一，尾崎昇，尾作整一，長田稔，小田井耕一，小田井慎一，小田耕一，男澤紘，小野君雄，小野千枝子，小俣茂，各務雅章，粕谷裕司，加藤善四郎，加藤武夫，加藤照枝，加藤春行，加藤秀雄，加藤保清，加藤行雄，加藤幸雄（野口町），加藤幸雄（多摩湖町），金子清範，金子堅一，金子茂生，金子正一，金子忠親，金子治夫，金子寛之，金子昌弘，金子優，金子幸主，金子義雄，樺山健藏，唐澤貴，川口勘蔵，川崎昭彦，川嶋功，川島京子，川島良一，川辺辰雄，菊地均，岸野文子，喜多誠一，北田幸子，北原茂，工藤千代二，窪田哲夫，栗城秀雄，栗谷敏明，栗原幸吉，栗原慎一，栗山僅史，黒坂良貞，郡司裕之，季銀姫，小池八郎，肥沼明，小岩井勝一，小祝稱多，神山忠雄，神山秀雄，古賀孝年，小島功，小島勇，小島勝利，小島重良，小嶋富美子，小島政信，小嶋政光，小島勝，小島美好，小島ゆき子，小島義雄，

小寺政雄，小橋徹，小林徹，小林俊治，小町明夫，小町昭留，小町磯次，小町補正，小町金市，小町佐亨，小町勉，小町毅，小町正義，小町泰生，小町美一，小松健一，小山明男，小山昭子，小山一二，小山和雄，小山克己，小山喜一，小山邦昭，小山賢吉，小山孝一，小山孝作，小山定昭，小山淳子，小山昭二，小山慎一，小山全三，小山武男，小山忠，小山富造，小山正男，小山政雄，小山末雄，小山吉利，小山好実，小山義光，小山佳也，近藤邦雄，斉藤勝之，斉藤幸希，斉藤定利，斉藤周二郎，斉藤仁作，斉藤武久，斉藤紀雄，斉藤はるみ，斉藤博司，齊藤宏，斉藤文男，斉藤二三男，斉藤正巳，斎藤喜昭，酒井隆行，酒井優充，桜井光喜，櫻井裕司，佐々木清，佐藤慶子，佐藤俊郎，佐藤夏樹，佐藤宏，佐野光男，三瓶達人，椎木琇藏，重倉陽一，柴田健一，柴田光彦，嶋田宗一，嶋田武司，清水清，清水澄，清水三郎，清水澄江，清水清司，清水達雄，清水千明，清水昇，清水正夫，清水康英，清水幸夫，霜鳥昌一，下原政好，庄司悦子，白石隆義，白浜綾子，菅原東，須崎一朗，鈴木勇，鈴木章司，鈴木新吉，鈴木八百造，須藤和彦，須藤透，関田進，関田勇蔵，関谷治，仙頭澄夫，相馬文雄，傍島和子，田内格造，高田公治，高田浩道，高野義明，高橋茂，髙橋節男，高橋照夫，高橋雅男，髙橋康夫，高橋喜司，髙橋吉祝，髙部素行，高松治郎，滝沢俊明，滝野弘志，田口照一，田口正作，田口精一，田口秀幸，田口博，田口福次，田口滿，竹内富雄，武内守，竹下文男，田島ミチ子，田中一幸，田中克典，田中康一，田中重義，田中通，田中實，田中元昭，田中好男，谷伸也，丹沢武，丹代了，塚原光二，辻丸保，寺島修，東原一進，東原清，東原三郎，東原繁，當間丈仁，當麻達三，冨樫千鶴子，戸田俊士，轟桂三，冨田君代，富田貞治，富永眞澄，永井聰，永井ミヨ，仲幸一，長坂武之，中條基成，中津川文男，中村悦子，中村周司，中村光徳，双木喜久栄，西金光，西禮司，野崎勝利，野崎常夫，野崎ヒサ子，野崎満，野崎義勝，野澤勝雄，野澤清治，野澤清蔵，野澤大，野澤文隆，野澤正男，野澤元治，野澤良和，野澤律夫，野田永吉，野中千枝子，野村勝子，野村正義，萩原千代子，萩原十三男，蓮見茂，長谷川誠，服部健三，羽生田美都子，浜口英一，浜野貞夫，林一雄，半田登，引間誠三郎，日野清博，広木秀子，廣田治夫，福田秋雄，福原茂統，福安暁，福山一巳，藤井昌一，藤本亮，藤森孝，古田林二，保坂常雄，保坂誠，保﨑孝，細川礼三，細田憲一，細田保三，細渕久仁夫，細渕作雄，細渕静夫，細渕四郎，細渕政三，細渕龍夫，細渕英重，洞内高明，堀内みち子，本間フミ子，前田修，前田敬子，増田宏，増田義男，増田由子，町田喜八，町田欽吾，町田進，町田俊夫，町田緑郎，松尾国靖，松田博，松田滿，松永ミナ子，松原巖，真野正，間野一，間野実，間野洋一，三上辰己，宮崎トシ枝，宮澤弘子，宮田豊彦，宮寺眞吾，宮原博昭，宮本正登，宮本康男，村上守，村上裕司，村野和泉，村山春己，村山良二，室岡修，茂木玲子，本木文子，森澤章行，森純，諸田壽一郎，矢島好子，柳澤忠行，山崎周司，山﨑恒夫，山下直人，山田キヨ，山田哲男，山田英夫，山田良治，山本勝益，山本正，山本寛靖，横田悟，横山章，横山江美子，吉岡節子，吉川一雄，吉崎文雄，吉村美智子，吉村幸義，吉本亜希子，依田照隆，渡辺進，渡邉征教，渡辺正躬，渡辺三男，渡部森政

(敬称略／五十音順)

あとがき

今回、二〇〇九年九月に開催される東村山駅西口広場完成記念イベント「てんしゃばフェスタ」を記念し、本書を執筆・出版する機会を頂けたことを大変嬉しく思っています。

微力ではありますが、この本をきっかけとして、一人でも多くの人が東村山という「まちの横顔」を知って好きになってくれたとしたならば、私たち「まちの横顔散策隊」にとって、この上ない幸せとなります。

最後になりましたが、本誌企画段階にて様々なご指導を下さった文一総合出版の皆様、また今回この出版を快くお引き受け下さったけやき出版の皆様、そしてこの本を購入して下さった全ての皆様に、心より感謝を込めて、「ありがとう」を捧げます。

二〇〇九年八月吉日　里中遊歩

本書制作にあたり、協力して下さった皆様

◆東村山市役所の皆様
◆東村山ふるさと歴史館の皆様
◆東村山市商工会の皆様
◆東村山市教育委員会の皆様
◆てんしゃばフェスタ
実行委員会の皆様
◆東村山駅西口地区市街地再開発
組合の皆様
◆三菱地所㈱の皆様
（東村山駅西口地区市街地再開
発組合参加組合員）

皆様、本当に
ありがとうございました。

参考文献

◆図説東村山市史（東村山市発行）
◆東村山ふるさと歴史館常設展示図録
（東村山ふるさと歴史館）
◆図録／市制施行四十周年記念特別展～
東村山駅西口のあゆみと北西部
（東村山ふるさと歴史館）
◆東村山郷土のあゆみ（東村山郷土研究会）
◆東村山の昔話（池田宗弘著・楡書房）
◆東京都の歴史散歩（山川出版社）
◆座談会川越鉄道の思いで
（鉄道開通百周年記念事業実行委員会）
◆トトロのふるさと　狭山丘陵見て歩き
（トトロのふるさと財団編・幹書房）
◆多摩ら・び　二〇〇九年二月号
（けやき出版）

著者紹介

東村山に生まれ育ち、それなりにこの町を知っているつもりでいましたが、今回改めて色々調べながら歩き回ったことで、まだまだ知らなかった沢山の魅力に気付かされ、私にとって、更に大切で大好きな町となりました。

里中遊歩《さとなかゆうほ》（取材・構成・文・写真）

生来のカメラ好きと動植物好きが相まって、日夜カメラ片手にそこここの野山に出没する里山散策ライター。販促プランナー、コピーライターなどの肩書きも持つ。日高画伯と共に月刊誌「ＲｉｋａＴａｎ（理科の探検）」（文一総合出版）では「変なイキモノ探索隊」などの連載を持つ。
http://yuho-satonaka.cocolog-nifty.com/blog/

たくさんの面白いものや懐かしいもの、素敵なものが本当にさりげなく常在してる場所でした。
曲がり角や路地ごとに「あっ、これ何だ？」と足を止めてしまい、いくら歩き回っても飽きません！

日高《ひだか》トモキチ（取材・イラスト・文・写真）

漫画家・イラストレーターにしてコラムニストとしても活躍。独特の視点で描く画風は知的かつ笑いのセンスに溢れ、多くのコア・ファンを生み出している。通称「画伯」。東京に生きる生き物を描いた漫画「トーキョー博物誌～東京動物観察帳」シリーズ（産経新聞出版／現在二巻まで発売中）が話題となっており、続編の出版も予定されている。
http://www.mokichi.net/

まちの横顔散策隊

「東村山って埼玉？」と無知な私でしたが、この町の奥深い側面を知るにつれ、すっかりファンに！
中央線沿線や都心からのアクセスが意外に良いのでお気に入りの散策コースのひとつになりました。

宮里《みやさと》美《み》也《や》子《こ》（取材・レイアウト・文・写真）

元広告代理店勤務で、現在はフリーランスのグラフィックデザイナー・イラストレーター。コピーライティングや編集業務などマルチにこなす。また、一級カラーコーディネーターの資格を有している。Miya's Factory にてＴシャツ製作・販売を行なうなど、幅広く活躍中。
http://clubt.jp/shop/S0000033860.html
http://store.upsold.com/miyafc

東村山を歩き尽くす

—まちの横顔探訪散策ガイド—

2009年9月27日　第1版発行

著　者：里中遊歩・日高トモキチ・宮里美也子

発行所：株式会社けやき出版

〒190-0023　東京都立川市柴崎町3-9-6

TEL 042(525)9909　FAX 042(524)7736

http://www.keyaki-s.co.jp

印刷所：株式会社平河工業社

ISBN978-4-87751-398-6 C2026